常识工作法

THE
MINISTRY
OF
COMMON
SENSE

How to Eliminate
Bureaucratic
Red Tape,
Bad Excuses
and Corporate BS

［丹麦］马丁·林斯特龙
（Martin Lindstrom）
著

陈召强
译

中信出版集团 | 北京

图书在版编目（CIP）数据

常识工作法 /(丹) 马丁·林斯特龙著；陈召强译
. -- 北京：中信出版社，2021.8 （2022.5重印）
书名原文：The Ministry Of Common Sense: How to Eliminate Bureaucratic Red Tape, Bad Excuses and Corporate BS
ISBN 978-7-5217-3237-5

Ⅰ.①常… Ⅱ.①马… ②陈… Ⅲ.①工作方法－通俗读物 Ⅳ.①B026-49

中国版本图书馆CIP数据核字(2021)第112810号

THE MINISTRY OF COMMON SENSE
By Martin Lindstrom
Copyright © 2021 by Lindstrom Company, Ltd.
Simplified Chinese translation rights © 2021 by CITIC Press Corporation.
Published by arrangement with author c/o Levine Greenberg Rostan Literary Agency
Through Bardon-Chinese Media Agency
All rights reserved.
本书仅限中国大陆地区发行销售

常识工作法

著者：　　［丹麦］马丁·林斯特龙
译者：　　陈召强
出版发行：中信出版集团股份有限公司
　　　　　（北京市朝阳区惠新东街甲 4 号富盛大厦 2 座　邮编　100029）
承印者：　中国电影出版社印刷厂

开本：787mm×1092mm　1/16　　印张：17.25　　字数：188 千字
版次：2021 年 8 月第 1 版　　　　印次：2022 年 5 月第 6 次印刷
京权图字：01–2020–6529　　　　　书号：ISBN 978–7–5217–3237–5
　　　　　　　　　　　　　　　　　定价：69.00 元

版权所有·侵权必究
如有印刷、装订问题，本公司负责调换。
服务热线：400–600–8099
投稿邮箱：author@citicpub.com

献给"常识部"的创意者盖尔·厄塞尔和勇于推行该创意的比尔·温特斯。

常识是看清事物本质并依照事物规律做事的诀窍。

——乔希·比林斯

目录

推荐序 1 / V
回归常识，重建同理心 // 马歇尔·戈德史密斯

推荐序 2 / IX
多就是少，少就是多 // 冉涛

推荐序 3 / XIII
我们的人生不能坍缩到只剩 PPT 和聊天记录 // 史欣悦

推荐序 4 / XIX
所有的公司都值得用常识重塑一遍 // 小马宋

前言 / XXIII
蠢事在世界各地上演

第一章 / 001
为什么我的电视打不开？

01
忘记自己是独立的人　7
有缺陷的企业生态　9

第二章 / 013
同理心到哪里去了?

02
何为常识?　16
常识瓦解的背后　19
常识缺乏与同理心　24
"同情心"和"同理心"　25
不断下降的同理心　29

第三章 / 035
与客户脱节

03
一点点常识就会让公司受益匪浅　39
连续性可创造卓越　43
由外及内,而非由内及外　46
不切实际的 KPI　54
花时间和客户交谈　58

第四章 / 061
政治:无形的束缚

04
办公室政治　65
无声的语言　74
去政治化,引入常识　76

第五章 / 081
您被拒绝访问本章

05
技术导致常识消失？　86
被覆盖的直觉　90
常识正在被扼杀　94
归咎于技术本身　98
没有技术会发生什么？　103

第六章 / 107
给我看看你的 PPT

06
"喝"一杯常识怎么样？　109
缺乏常识的线上会议　115
让线上会议更彰显文化　124
好的会议都有一个共同点：没有 PPT　126

第七章 / 129
阴影里潜伏的规则

07
压缩开支的新政　133
不成文的规定　136
扭曲的语言现象　142

第八章 / 147
企业界的恐惧与憎恶

08
合规部门永远不同意，法务部门肯定会拒绝　151
安全高于一切　156
不必要的规则无处不在　162

第九章 / 171
抛弃过去的愚蠢行为

09
五步回归常识　174

第十章 / 195
建立"常识部"

10
变革的最后一步　198
渣打银行的"常识部"　204
如何在你的公司设立"常识部"　207
向谁报告？　212

后记 / 221

致谢 / 223

注释 / 231

推荐序 1

回归常识，重建同理心

马歇尔·戈德史密斯[①]

作为一名商业教育者、教练和作家，我常跟那些在事业上已经取得成功但还想进一步发展的人打交道。有时候，这意味着要为那些迷失了自我的高管提供咨询服务。这种迷失可能是内在的——"我将去往哪里？"也可能是外在的——"我怎么做才能融入这家组织？"一般情况下，两者兼具。就那些与我合作的人而言，他们常常会意识到一个问题：先前让他们走上成功之路的那些技能，与他们在事业上进一

[①] 马歇尔·戈德史密斯被"全球最具影响力 50 大商业思想家"（Thinkers50）、《快公司》杂志和研究机构"全球大师"（Global Gurus）评为世界领先的高管教练，著有畅销书《习惯力》《自律力》《魔劲》等。

步发展所需要的技能，往往是不一样的。

对组织而言，这样的结论难道不该同样适用吗？很多公司长期经营同一种业务，业绩往往也不错，以至它们都不再质疑自我。无论是人还是公司，都会对自己的优势和劣势产生一种错觉，过于专注前者而忽视后者（正所谓，当局者迷，旁观者清）。其实，很多公司并没有意识到，它们的成功不是因为各种根深蒂固的习惯、行为、规则、政策和文化；相反，它们的成功是在各种根深蒂固的习惯、行为、规则、政策和文化的羁绊下取得的。

马丁·林斯特龙多年来一直都是一位开创型的全球品牌顾问。他连续三年入选"思想家50人"全球50位最具影响力商业领袖榜。他是众多炫目创新的幕后推动者，有时人们会惊讶地发现，很多创新竟出自同一人之手。近年来，马丁重新定位自己的技能，致力于推动全球商业和文化的根本转型。无论走到哪里，他都会碰到同一个问题：常识的缺乏。

作为人类，我们遭受着一种冲突之苦："我们眼中的自己"和"其他人眼中的我们"之间的冲突。（后者通常是正确的！）我曾经把"魔劲"（Mojo，这也是我一本书的名字）定义为"人们对当下正在做的事情所抱持的一种发自内心且形于外的积极精神"。这种精神会提升人生的意义，增强人们的幸福感，同时也会提高员工的敬业度。与"魔劲"相对的一种精神，我称为"无劲"（Nojo），是"人们对当下正在做的事情所抱持的一种发自内心且形于外的消极精神"。在"无劲"领域，我们现在可以为世界范围内的这种常识缺乏留出位置了。

在这本饶有趣味、令人愉悦和极具教育性的书中，马丁围绕陈旧过时的规则、无穷无尽的会议、糟糕的客户服务体验，以及法律和合规等问题举了很多例子，告诉我们各类组织内是多么缺乏常识性的东西。但作为一位商业和文化转型专家，马丁所做的不仅仅是修枝剪叶，他深入组织内部，挖掘根源，解决效率低下、脱离实际以及普遍存在的"拍脑袋"决策的问题。他还展示了公司内部环境与消费者痛点之间的关系。你不知道如何使用的电视遥控器和那些毫无意义的公司网站，其实都和公司内部的瓶颈有关，而这些瓶颈是公司管理层和员工看不到的，因为他们太专注内部事务以至忽视了外部体验。马丁表示（同样是令人信服的），缺乏常识的地方，往往也缺乏同理心。

以我的经验来看，一方面，当员工做分外之事时，我们通常认为他们是敬业的，因为这些事情是他们自己选择去做的。另一方面，如果他们只做分内之事，我们认为他们是"合规的"，因为这些事情是他们必须要做的。无论是你阻止了某个糟糕的决定还是某种糟糕的行为，大多数公司都缺乏相应的纠错激励机制。它们专注于当前正在做的事情，而不是那些没有做的事情。在本书中，马丁向我们展示了大多数公司没有做的事情以及它们应该做的事情，同时给出了具体的解决方案，帮助不同类型和不同规模的组织回归常识、重建同理心。

长期以来，我一直相信360度反馈可以帮助成功人士在事业上找到进一步发展的方法，同时也可以帮助他们改善职场关系。在本书中，马丁也提出了经他自己详细审定的360度反馈法。你会感到惊讶，也会觉得有趣，还会有如释重负之感。不只是你！最后，你要记住，B2B（企业对企业）或B2C（企业对消费者）这些范畴并不总是那么有效，因为归根结底，我们还是要回到H2H上，也就是人对人的模式上。这是常识。

推荐序 2

多就是少，少就是多

冉涛　百森智投创始人，《华为灰度管理法》作者

马丁·林斯特龙所著的《常识工作法》，开宗明义地指出：常识是看清事物本质并依照事物规律的诀窍。在现实中，我们经常违背常识，所以很容易陷入困境。

今天的世界，随着技术越来越先进，人工智能大有替代一切的可能。然而先进的技术手段带给我们的不是轻松，反而是越来越忙碌的现状。过去 30 年，中国人的钱袋子越来越鼓，但是今天的幸福感比之前差了很多。随着我们阅历的增加，以及越来越先进的学习知识系统的加持，我们的信息量越来越大，明白了很多的道理，但是似乎也犯了更多的错误。

有一个具有哲理性的规律：快就是慢，慢就是快；多就是少，少就是多。今天我们面临的很多问题需要辩证地看待，由此想起来我2019年出版的一本书《华为灰度管理法》，灰度管理哲学就是尊重常识的管理理念。

因为工作的关系，作为咨询公司的老板，我必须每天深入到客户和潜在客户的问题场景中。每当脑海中形成一个问题的解决思路和方案时，我必须迅速问自己：我也是老板，我会这样做吗？如果我都不这样做，我怎么能给客户提出这样的建议呢？是的，这就是我的"特殊"困局，而这也是我通向"常识"的道路。正是因为这样，我才不得不思考一些问题：什么是本源性的问题；如何能够四两拨千斤地解决问题，而不是花费大量的篇幅去描述问题；有什么可以直指心性的办法；等等。

很多企业在经营当中，本来遇到的难题是收入如何保持持续增长，但是很多企业管理者在做管理的实践中，往往把目光集中在员工绩效产出的问题上：业绩增长不理想，就假定员工不努力，而员工不努力就是因为没有更好的绩效目标压力和激励的刺激。于是，管理者就去花心思设立绩效目标，进而希望将每个目标都和一个员工收入的组成相对应，于是设计出非常复杂的产品和项目提成办法。越设计提成，就越需要明确产品的每个类型的毛利，并需要设计符合不同毛利水平的定价和提成政策，这样的结果是会出现一个相当复杂的基于动作的目标、分配、核算的表格，而组织必须投入很多人力、物力、精力，来确保统计数据的来源准确、核算过程的精确和分配的合理……循环往复，管理越来越精确，越来越追求极致，管理者越来越有兴奋的感觉，但我们恰恰忘记了本来要解决的问题是什么。

我经常会遇到这样的问题，我会反复和我的客户分析，说服他们牢牢关注增长的问题，并分解增长的因素取决于产品本身、客户定位、人的能力三个关键要素，换句话说，我们需要找到常识，并围绕常识要素来开展管理工作，细分客户，打造极致产品，调整更合适的人来承担职责，等等。回归了管理的本源，头疼的问题也就迎刃而解了。只有解决了增长问题，才能投入精力逐步解决绩效目标设计与分配的问题，因为任何绩效管理的动作都无法在公司收入不增长甚至下滑的情况下，取得各方满意的结果，所以，我们绝对不能为了绩效而做绩效管理！

既然常识匮乏的问题显而易见，那么是什么阻碍了我们正确面对常识呢？

首先是安于现状、怕麻烦的心理。很多人不愿意洞察问题，认为存在即合理，宁可去抱怨流程的问题，也不愿意去推动哪怕一点点的改动。

其次是我们的组织各自为战。精致的利己主义，让组织内部忘记了需要协同来对客户提供统一价值。组织越大，越容易出现"部门墙"，而这正是因为利益而忽视的常识！这也是大型组织中常识性问题更多的原因。在大企业中，常识匮乏的问题远超一般水平。正如马丁·林斯特龙所说："组织的规模越大，存在的常识性问题就越多。"

最后是同理心的缺乏。常识需要真正意义上的长远视角，尤其需要我们理解和承认他人的观点，站在对方的角度上来思考问题。

《常识工作法》就像一把密钥，为我们打开了一扇真理之门，那就是常识！常识，其实看起来特别简单，有时候简单到让我们不敢相信，但往往就是这样的简单和真相才是一切问题的根源。丹麦作家安徒生创作的童话《皇帝的新装》，除了那个基于常识说真话的小孩，其他所有的成年人都不敢说出皇帝本来什么也没有穿的真相，因为大家都特别害怕万一自己说错了怎么办，而恰恰就是那个没有任何经验和心机的孩子，秉承了常识，才一语中的地道破了真相。

　　马丁·林斯特龙提出了一个恢复常识的"五步计划"，旨在帮助企业组织重建常识：一是激发组织内的变革需求，二是挑战传统，三是欢庆阶段性胜利，四是切断退路；五是让整个公司的员工产生共情。这个"五步计划"在文中有详尽的叙述，每个步骤都非常缜密。计划需要时间，它不可能一蹴而就，但的确可以自上而下也可以自下而上地进行。马丁认为，如果想将公司业务提升到新水平，以赢得更大的市场，我们建立"常识部"非常必要，这个部门迫使我们大家认真思考，消除公司中的繁文缛节。

　　作为商业和文化转型专家，马丁不仅砍掉树枝和树叶。他深入组织内部，以消除效率低下、不切实际和头脑呆滞的根源。我们在工作中总会遇到常识匮乏的案例，如果你想消灭这些现象，请读一读这本书。这是一本实用而有趣的、帮助企业管理者和个人恢复组织内常识的书。

　　秉承常识其实很简单，不是越多越好，反而应该思考如何去除杂乱的内容，保留最真的部分。

推荐序 3

我们的人生不能坍缩到只剩 PPT 和聊天记录

史欣悦　君合律师事务所合伙人

常识之所以为常识，就在于不需要说也知道。但常识的吊诡之处就在于，必须反复地说，才能起点作用。虽名常识，常常不识，常识已经近乎"道可道、非常道"的玄学了。

从托马斯·潘恩的《常识》开始，以常识为名出版的图书已经数不胜数，但似乎这个话题远没有终结之势。人类对于本物种基本常识的认识，竟然是无止境的。马丁·林斯特龙先生的新作《常识工作法》，是人类探索自己常识的又一本力作。林斯特龙把常识应用于企业管理，用常识的尺度去丈量管理中的各种问题，一下子看出了一些组织和管理的扭曲是多么的光怪陆离。

人类为什么有共通的常识？因为人类有共通的情感和心灵，这是常识的来源。无论是孟子说的"恻隐之心"，还是宗教所说的"慈悲之心"，抑或是文人墨客吟咏的"古人无数是同心"，都是用自己的心去体会他人的感受、体察他人的希望、体谅他人的局限，这还不仅仅是同情，更是把自己变成他人，去理解他人的处境。正如林斯特龙所指出的，很多时候，常识的缺位是因为同理心缺乏。如果让孔子来写这本书，他可能会说"仁"的缺乏，导致了常识的缺位。

书中一些可笑又可气的例子，总能让我们联想到身边的一些人和事。2020年我在上海住了一段时间，因为工作时间很长，所以睡眠不足。有一天下午，难得有休息时间，我就在酒店里打开了房间"请勿打扰"的小红灯，准备好好地睡上一觉。睡得正香时，房间电话响了，我迷迷糊糊地接起来，原来是酒店前台问我："您在房间吗？洗的衣服好了，给您送过去？"我说："我在休息，为什么要打电话？"前台说："因为送衣服的人看到您开了'勿扰'，没敢敲门，让我们打电话。"我被这清奇的思路气笑了。"请勿打扰"是不要敲门的意思，但是可以打电话？常识去哪里了？

更绝的是，我继续睡觉，一个多小时后，电话又响了，是前台的另一个人，他说："洗衣房要下班了，他们问一下，下班前能给您送衣服吗？"我只好说："你给我转经理吧，我需要和经理探讨一下勿扰灯的规则含义。"

僵化烦琐的规则和流程，把人塑造成工作条线上的一环，作为人的常识隐去了，人化身为生产线上的零部件，堪比变形金刚。有一家世界知名的大公司问我，能不能在账单的律师工作描述一栏中不写律师互相讨论、开会的内容。我问原因，答曰：本公司有规定，不能支付律师内部讨论的费用。我笑了，很"开心"，因为又是一个只见规则、不顾常识的睁眼瞎的奇葩规定出现在我面前，让我不禁"思念"起了上海酒店洗衣房的朋友。

我说："律师工作是要讨论的，对吧？甚至有些案子的主要工作就是大家互相讨论办案的方向，我们怎么说，对方怎么说，我们怎么答，没有这部分内部讨论，我们是没法完成工作的，对吧？律师讨论是要通过语言交流，而说话需要花时间，对吧？除非我们都是三体人，思想透明，谁想了什么都可以在团队里瞬间同步。"

他说："您说得都对，但是公司规定就是不能有内部讨论。"我说："那也好办，就不叫内部讨论呗。假如你说你们公司规定，不给叫作'拍黄瓜'的菜付钱，没关系，我上菜的时候告诉你这叫'花生米'，又脆又绿的花生米。"

我们自己的日常工作，也是常常被技术遮蔽了常识。曾几何时，汇报变成了PPT制作，没有PPT就不会说话了。有时候问问各部门在忙什么，答曰：制作周报PPT、月报PPT、季度工作总结的PPT。同事间沟通也经常是即时通信软件，电话都打得少了。在新冠疫情居家办公之前，我们就已经开始了用技术手段实现自我隔离的操作。我时常会和组里的实习生说："如果有律师通过skype和微信给你派活或者打电话，你就问一句，'你有空吗，我去找你说吧。'这样可以在有

推荐序3

限的两个月实习期里多认识几个同事，不要实习了一场，就只有微信聊天记录上的几行文字和几条语音，大街上走对面都不知道这是天天给你派活的那个中级律师。"

汇报听的是内容，不是PPT，这不是常识吗？工作做没做好重要，周报、月报不重要，为周报、月报制作的PPT更不重要，这不是常识吗？同一个单位里人与人的沟通、联系乃至情感，是靠面对面的谈话、互动和合作建立起来的，这不是常识吗？

我们的人生不能坍缩成只剩若干PPT和各种聊天记录，否则不堪设想。会不会哪一天，人类的追悼会成了这样：大家上线，共享屏幕上播放一下逝者生平的PPT，大家依次在群里发三朵花表示怀念，发三个大拇指表示赞美，有人发一句"愿天堂里没有PPT"，然后其他人队形整齐地跟上，"愿天堂里没有PPT +1""愿天堂里没有PPT +2"……"愿天堂里没有PPT +n"。

对于各种有悖常识的管理和商业行为，林斯特龙提议，在企业里建立"常识部"，本书的英文原名就叫 *The Ministry of Common Sense*，用常识部去纠正一些违反常识的奇葩规则。这个提议让我想起了有些外国政府内阁设有"不管部"，以"不管部长"领衔。不管部长就是专门去管那些因为部门分割而成为"三不管"的事情的。人为的部门分割，形成了特殊的部门利益，部门之间或争功，或推诿，各自守着一亩三分地，一只眼防着别人的权限伸进来，另一只眼盯着自己的好处别出去。在这种情况下，也许"常识部"和"不管部"这种跨部门、高权限的设置，才能打破这些违反常识且有损整体利益的割据局面。

我是学法律的，不懂企业管理，而法律人也应该讲常识。关于行为人的主观方面，比如什么叫"故意和过失"，什么叫"放任这种结果发生"，什么叫"应当预见而没有预见"，什么叫"轻信可以避免"，这一切的判断标准都叫"常人的标准"，即普通人的常识。从事法律工作，更是万万不能忘却了常人的标准，要天天讲、年年讲。

虽然我是管理学的外行，但是读一读强调常识的书，既有利于增长个人见识，也有利于培养法律人的思维，所以我津津有味地读完了这本书的样稿。更何况，它是一本妙趣横生的书，书里的故事丝毫不亚于上海酒店洗衣房的欢乐。

书，尤其是一本讲常识的书，应当是有趣的——这不也是常识吗？林斯特龙做到了。

推荐序 4

所有的公司都值得用常识重塑一遍

小马宋　小马宋战略营销咨询公司创始人

在为这本书写序的前一个月,我正在做一个工作,就是重新撰写我们公司的对外介绍。在重新写的公司简介 PPT 的第一页,我这么写道:"你好,我是小马宋,也是这家公司的创始人。我看过公司上一版的介绍,我居然也没搞清楚我们是做什么的,这太尴尬了。所以我决定重写一版,说人话的。"

如果你是一家公司的老板,你想请一家咨询公司,当你收到对方的公司简介时,你可能会很尴尬。因为,你收到的公司简介里面充满了五花八门的专业黑话,而你大概只看懂了其中的 20%,所以你根本没搞清楚这家咨询公司能做啥,所以你还是决定打电话请他们公司的业务员来给你讲讲，这家公司究竟能做什么。但是，这本来是一个"咨询公司业务简介PPT"应该解决的问题，但这个简介却什么都没解决。这就像你过年回老家，舅舅问你做什么工作，你说："我在对冲基金从事量化投资工作。"你舅舅可能永远都无法理解你在做什么。你说的都是对的，只是你忘了你在跟谁说。

作为用户，我们常常感受到商家许许多多"反人类"的设计，而商家却口口声声说自己以用户为本。作为员工，我们常常觉得公司有许多不可理喻的制度，而作为公司领导，却始终认为自己在为员工着想。商家或许真的是出于善意，领导也许真的认为这对员工很好，但问题是，他们是从自己的视角、自己的认知出发提出了解决方案，而用户和员工其实与他们想的完全不一样。

尼泊尔早年接收到大量国际慈善组织捐赠的婴儿恒温箱。恒温箱是个伟大的发明，它让欧洲发达国家的早产儿死亡率降低了60%以上，但这些恒温箱在尼泊尔却基本不能用。为什么呢？因为尼泊尔许多医院经常停电，恒温箱需要电才能使用，而且尼泊尔的大量农民根本不会去医院生孩子。当从发达国家的视角看这个问题时，他们觉得尼泊尔是缺少恒温箱，但从尼泊尔的角度看，他们缺电，他们不去医院，他们有恒温箱也没有用。

几乎每个人、每个品牌、每个公司，都会犯这种"常识性"错误。既然是常识，那为什么我们还会犯错呢？那是因为，在犯错的人来看，这不是他的常识。只有当他设身处地从使用者的视角、使用者的地位、使用者的特征去看这件事的时候，他才会明白，原来自己的设计是多么愚蠢。

我是一个一年要出差200天的人,各种酒店里的奇葩设计让我深受其害,我却投诉无门。我最近入住的一家酒店,床头柜上方设置了大概30个电灯开关,我根本就搞不清楚应该按哪个才能把灯关掉。还有一个著名的酒店集团旗下的一家酒店,你一进门,巨大的电视屏幕就打开了,循环播放着欢迎语,或者播放他们酒店集团创始人的创业故事,而你翻遍了里面的电影,没有一部可以免费观看。每次你走进房间都要找到电视开关把这个发光源关掉,我的做法通常是进门就把这个电视电源线直接拔掉,我无法理解,这个电视存在的意义在哪里。如果不是迫不得已,我绝不会住这家酒店。

你可能在庆幸,自己不是经营酒店的。放心好了,等你读完这本书,你会浑身冒冷汗。你很可能也会发现,自己家的产品也有许多反人类的设计,而你还为这个"天才设计"沾沾自喜过。

如果没有人提醒你,你可能永远都不会醒过来。马丁·林斯特龙正好就是这个提醒你的人。

马丁·林斯特龙是一位见多识广的商业顾问,他每年都会到全球几十个国家,并担任多家世界顶级公司的顾问,比如麦当劳、宝洁、雀巢、美国运通、微软、迪士尼等,他历数了自己过去遇到的缺乏常识的商业现象,最后也给出了治疗这种常识缺乏症的药方。

马丁是一位睿智的幽默语言大师,不要害怕,读这本书你完全不会有那种看两行就想睡觉的感觉,你会在不知不觉中读完这200多页。因为这本书的写作风格实在是既深刻又有趣,读起来就像是《吐槽大会》的商业版合集,你可能随时想停下来拍照分享到朋友圈,因为他的吐槽实在是太过瘾、太辛辣了。

  这是一本读起来像小说一样的商业常识书,而在你笑到肚子痛的时候,却能反思到自己和自己公司的问题,这就是马丁·林斯特龙的本事。说实话,有好多商业图书内容本身不错,可是写作语言的无味就是没有让人读下去的意愿。让读者愿意读,其实也应该是一种出版常识。

前言

蠢事在世界各地上演

- 你是否遇到过在工作时计算机被锁的情况？好消息是，IT（信息技术）人员表示，他们在网站上提供了解锁方法，但由于你的计算机已经被锁，所以你无法登录网站获取解销方法。

- 收到抄送邮件意味着你参与了对话，没有人想把你排除在外，而团队也认为你关心所抄送问题的解决方案。但最后统计显示，这一邮件线程下共有158封邮件。你得认真考虑该如何阻止人们抄送邮件给你了。

- 你向部门主管提交了行程单，但没有收到他的回复。不幸的是，按照IT部门的设置，行程表格会在24小时后重置，这意味着你不得不重新填表，并再一次提交行程单。
- 你是美国 NFL（国家橄榄球联盟）的一名新秀后卫，即将参加首个赛季的比赛，却遭遇了一种历史上最严重的流行病。在橄榄球赛场上，想保持社交距离是根本不可能的。职业比赛是肮脏的，球员汗流浃背，脏话连篇，身体大面积接触，还有防不胜防的唾沫。别担心，联盟已经在想办法了。据 NFL 的一份备忘录，NFL 禁止球员和教练在赛后进行互动，同时暂停了球员在赛后交换球衣的传统。[1]

今天，可以肯定地讲，我们每个人都会遇到很多向我们表明这个世界极度缺乏常识的例子，我当然也不例外。作为一名全球顾问，表面上看，我受雇于组织，帮助它们创建品牌或改善品牌形象。但十之八九，我发现自己扮演的是一个变革推动者的角色，比如，发现和解决企业盲区和沟通失误、糟糕的客户服务、没有意义甚至毫无实用价值的产品、令人恼火的包装，以及线上线下普遍存在的缺乏直觉的问题。我可以证实，常识的消失不仅在美国公司达到了大流行的水平，在世界其他地区亦是如此。

两年前在机场的时候（我总是出没在机场），我挥霍了一把，购入了一副新耳机。耳机是黑色的，隔音降噪，兼容蓝牙，价格高昂，但它并不是很花哨，不至于戴起来像个天线宝宝。装好收据之后，我朝着登机口走去。

让人意想不到的是，在接下来的 45 分钟里，我用尽各种办法也没能把耳机从包装盒里取出来。它被牢牢地固定在一个硬塑料壳中，包装材料看起来就像"女武神"瓦尔基里[①]的半个胸罩。耳机线被单独装在一个长方形塑料盒里。无论我怎么做，从哪个角度用力，包装盒都不会发生任何弯曲、凹陷或变形。

我尝试用手撕开包装盒，但手指被划伤了。我尝试用牙咬，结果又伤到了牙齿。我拿着包装盒朝座椅反复摔打，就像拿着装着糖果的"皮纳塔"[②]一样，但仍无济于事。

事情到这一步就变得可笑了，而且让人抓狂，关键是，我还要赶飞机。我打开随身携带的行李，看能不能找到锋利的物品，来刺破外面的塑料包装，比如钥匙或指甲刀什么的，但什么也没有。最后，我只得寻求帮助。"你这里有没有剪刀啊？"我问机场票务人员。"抱歉，没有。""刀子呢？""也没有。"看得出来，她不希望我在登机口处谈论剪刀和刀子的问题。

当时距离航班起飞时间所剩无几，我赶忙跑回卖我耳机的那家小店。"请问能帮我一下吗？"我对收银员说。像我这种情况显然并不是第一次出现。他从抽屉里拿出一把美工刀，用了大约一分钟的时间把外面的塑料割开，然后取出耳机和耳机线给我。"你还要带走这个外包装吗？"他问。"不。"我说，"我永远都不想再看到这个包装盒了。"

像我这样的经历，简直可以说是对"常识"的疯狂蔑视。简要概

[①] 瓦尔基里（Valkyrie），北欧神话中的女武神。——编者注
[②] 皮纳塔（pinata）是一种用彩色纸做成的容器，可以做成各种的造型。在皮纳塔里装上精美的礼品，比如糖果、玩具、小人偶等，然后悬挂起来，让小朋友用棍子击打，直到打开皮纳塔，里面的礼品散落出来，给小朋友一个大大的惊喜。——编者注

述一遍：我花了将近 400 美元买了一副耳机；由于某种原因，我把链锯和其他林业设备都放在家里了。我在机场买耳机有两个原因：一是我忘记带耳机了，二是购物冲动。事实也的确如此，我可能是想在飞行途中戴着它，免受机上婴儿哭闹的打扰或听听音乐。我想我一定是忘带了什么东西，若非如此，我或者其他人怎么打开这个外包装呢？

如果这听起来像是我精心挑选的一个例子，用以支撑常识普遍缺乏的假定，或者让你觉得，是我的从业经验让自己忽视了大多数全球性组织的决策的健全性、实用性、洞察力和坦诚直率，那么我向你保证，这不过是你一厢情愿罢了。

公司聘请我，通常是为了识别和确定品牌更深层次的宗旨或提升客户体验。我可能会被要求创建一个新的标志，重新设计网站，推广香水、啤酒、腕表或零售环境。但几乎在每一个案例中，你很快就会发现，真正的问题——导致士气低落，生产率低下，客户受挫，缺乏持续创新——就在于公司放弃了它们先前所拥有的一切常识，进而支持那些连两周大的金毛犬都觉得愚蠢的系统和流程。（谈到创新，公司领导者一再告诉我，他们是多么渴望"利用"或"释放"组织内的新想法，但现在，我越来越讨厌这两个词了。）就企业而言，要么自打一开始就没有多少常识，要么是在不知不觉中失去了常识。这种普遍存在的常识缺乏阻碍了公司的真正业务，即为客户提供优于竞争对手的服务，并以更积极的方式响应、关注和满足他们的需求。公司深陷内生问题的泥潭，同时又受到员工头脑中各种无形的繁文缛节的困扰，进而忽视了核心宗旨，并不可避免地为此付出代价。

缺乏常识，问题比你想象得还要严重

这个问题比你想象的还要严重。（其实，你或许也可以想象得到。）

两年前，也就是在 2019 年新冠疫情来袭之前，我受雇于瑞士国际航空公司，助其重新打造经济舱旅行的概念。至少，这是当时看到的问题。当我与高管团队成员会面时，他们心里显然已经有了某种建立在美学基础上的解决方案，比如更改视频显示屏上的欢迎词，让阅读灯的光线变得更柔和，以及改进甜品的口感，等等。我告诉他们，在考虑欢迎词、阅读灯或甜品之前，我需要先确定两个问题背后的真正原因：一是回头客水平不及以前的原因，二是公司准点率在行业中排名第 18 位的原因。在接下来的几个月里，我带领机组成员前往乘客家中拜访，以便让他们亲耳听到 21 世纪初的航空乘客的心声。我把地勤人员、飞行员和机组成员召集到一起，以便他们了解彼此的工作职责。在描述出行经历时，几乎每一名乘客都会提到同一个词语——焦虑。

飞行途中的焦虑只是其中一部分，或许也是整个体验中最具田园色彩的一部分。除此之外，还有在机场跟陌生人近距离接触时的焦虑，比如美国运输安全管理局（TSA）的安检人员、同行乘客和机组成员等，你不仅担心他们中有恐怖分子，还担心他们中有新冠肺炎无症状感染者（或两者皆是）。你还会为自己能否及时赶到机场而感到焦虑。在排队领登机牌时，你会想手提箱或随身行李的尺寸是否过大或超重。安检时，将随身物品放入灰色塑料筐，安检人员一次又一次地提醒你取出笔记本电脑（如果你随身携带），掏空口袋，解下腰带，脱掉鞋子，然后把双手举过头顶，而这时，未系腰带的裤子正一点点地向下滑落；另一名安检人员因在你的衬衫口袋里发现了一粒被遗忘的薄荷糖而对你大加斥责。

现在，你已经通过了安检口，但后面还有更多焦虑。你会焦虑哪个区域或哪类卡（周年纪念金卡、蓝宝石银卡、尊贵白金卡或龙舌兰日出卡等）会优先登机。猜猜然后怎样？你的登机顺序是7，意味着你要跟货物一起登机，而这批货物中包含一具尸体、三条凶猛的德国牧羊犬和一只名为"抹大拉的马利亚"的被下过药的波斯猫。在检票员扫描了你的机票后，你也会感到焦虑，因为几乎就在同时，你发现自己前面还排着另外一条长长的队伍。在穿过商务舱时，你会感到焦虑，心想：这些草包怎么会坐在这儿？没看出他们比我强在哪儿。我是哪里做错了呢？当你放置随身行李时，你会感到焦虑，因为你发现周围全是胳膊肘，而且没有戴口罩的乘客一直站在过道上不动。你对邻座乘客感到焦虑。你对飞机起飞感到焦虑。你对飞机遇上湍流感到焦虑，当然还对飞机撞山坠毁感到焦虑，更不用说在飞机上可能遭遇疯子的情况了，正如你在《每日邮报》上读到的那种标题为"惊魂时刻：空中乘客……"的报道。

在即将抵达目的地时你会感到焦虑：那里会下雪吗？或者会是酷暑天气吗？我要等多久才能打到一辆优步或出租车？如果你有托运行李，航空公司会不会漏运，或者你的行李箱会不会是最后一个出现在传送带上的？类似让你焦虑的事情还有很多很多。

常识工作法

除了欢迎词、阅读灯或甜品，对大多数乘客来说，飞行的最大问题就是忧惧、缺乏可控性、幽闭恐惧症和担惊受怕的混合体，也就是我们所说的"焦虑"。

对不起，但我还是要认真问一句：对任何乘坐过飞机的人来说，这难道是新闻吗？这不就是常识吗？几个月后，一个新的部门在这家航空公司成立并投入运行。除了专注于最大限度地减轻普通乘客的焦虑情绪，该部门还紧盯组织内其他一些明显缺乏常识的地方，督促改进。很快，公司就转向了另外一种运营方式。

举例来说，今天，如果一名乘客搭乘瑞士国际航空公司的航班，从苏黎世飞往肯尼迪国际机场，那么在飞机降落前 40 分钟，机长就会通过扬声器播放消息。除了提供出口信息，他还会告诉你入境检查需要多长时间，当地的天气情况如何，从出口到行李区（或移民检查口）需要多长时间，以及从机场到市区乘坐出租车或选择其他用车服务需要多长时间，等等。所有这些事情都不在航空公司的职责范围内，也不在航空公司的掌控范围内，但通过提供这样的服务，你知道这家航空公司确实在乎你的时间、感受和焦虑程度。

在不到一年的时间里，瑞士国际航空公司在客户心中就已成为时效、关怀和同理心的代名词。公司收入持续增长，回头客的数量也在不断增加。原本认为毫无沟通必要的各业务和服务部门，现在也已紧密合作起来。在美国商业和技术新闻网站 Business Insider 最近公布的一次排名中，瑞士国际航空公司在欧洲最佳航空公司中位居第二。[2]

哪里有人群，哪里就有常识缺乏

在全球，约有 50% 的人口为某种类型的组织工作，比如企业、政府机构、学校或高等教育机构、医院、银行或保险公司、咨询公司、媒体机构或大型制药公司等。当我问负责人，你们组织内存在多少常识性问题时，他们大多眯起眼睛猜个数字，即这里或那里可能存在一些常识性问题，但整体上并不多。其实，大多数人会告诉你，他们组织的运营是建立在常识之上的：你看我们办公室的运转多么顺畅；新的 IT 系统比之前的旧系统好多了（尽管新系统已经略显过时）；我们的业务蒸蒸日上，而且未来还有更广阔的前景，要是不信，你可以看看我们最新的季报，你会发现华尔街对我们的进步有多高兴。

但至少从我的经验来看，事实并非如此。在大型组织中，常识性问题其实非常多，很多情况下远超一般水平。通常来说，组织的规模越大，存在的常识性问题就越多。如果你花时间打听打听，跟员工交流交流，他们会告诉你，IT 部门的人就是一群永远都没空与其他部门沟通、永远都没空做任何事情的书呆子。你要去网上看客户对这家公司的评价，看客户对它的产品和服务的评价，如果这是一家烂公司，又有谁会关心它的季报或华尔街对它的看法呢。

常识性问题并不仅仅存在于大型组织。你在本书中看到的很多案例，比如我在前面举的那些例子，可能让人觉得过于牵强，有失真实。虽然我隐去了个人和公司的名字，但我保证我讲的绝对是事实，下面的例子亦是如此：

常识工作法

在新冠肺炎疫情最严重的时候，为降低病毒传播的可能性，意大利通过了一项法律，对米兰餐厅内供顾客使用的卫生间的数量进行了限制。餐厅遵照执行，卫生间除了保留一个隔间开放，其余的全部上锁封闭。但那些等着上卫生间的用餐者怎么办呢？你猜也猜得到：他们在餐厅狭窄的过道里排起长队，等着用卫生间里唯一的隔间。这种情况下，十之八九，人满为患。

这让我想起了大约同一时期我从苏黎世飞法兰克福的一次经历。为防范病毒传染，瑞士监管局要求180名乘客都要填写一张个人信息表。除了填写出发地和目的地，还要填写邻座乘客的姓名，以防后期有人出现干咳、身体疼痛或发烧的情况。我们180个人按要求填写，但问题是，这家航空公司只有两支笔。在接下来的20分钟里，这两支笔被传来传去：笔从一名乘客传到另一名乘客手中，而细菌也就从一个人的手上传到另一个人的手上。

该航空公司一丝不苟地执行乘客下机流程。按照各排的字母顺序——1C、2C、3C，乘客起身，戴好口罩，带上随身物品，然后一个个走下飞机。工作人员提供洗手液，而乘客之间则保持着6英尺（约1.8米）的间隔距离。但接下来，我们像牛群一样，进入一辆开往航站楼的专线巴士。不用说，车内人挤人，满满当当。

一家公司推出了一项旨在简化各种项目程序的新计划，问题是，这家公司使用了数以千计的缩略词：德鲁，GLC到了吗？能确认我们的SSNR吗？符合RDF吗？类似的缩略词，多到连员工也难以分辨的程度。为了解决这一问题，该公司发布了《内部缩略词词典》（IAD）。这个手册除了读起来无趣，还意味着员工当使用"consumer packaged goods"（而不是CPG）时会被训斥，并被要求去查缩略词。很快，查找对应的缩略词就成了公司的一项内部制度（corporate law），也许，该公司会称之为CL。

在一次会议上，家得宝的一家设备和零部件供应商被告知其销售部门的人总是讲脏话。当一名员工表示讲脏话在整个行业中司空见惯且很多客户也都讲脏话时，人力资源部门发了一份针对公司全体人员的备忘录："从现在起，仅限于在员工和客户的对话中使用脏话。"

都去了哪里？在新冠疫情封锁期间，卫生纸就像曼哈顿的停车位一样难找。就在全球各地的人忙着为一场充满不确定性的封锁行动做准备时，各大卖场卫生纸货架上空空如也的照片和视频几乎每天都出现在社交媒体上，进而引发了更严重的囤积和抢购潮。即便是亚马逊的订单，发货也都排到了几个月之后。正如其他制造商发现的那样，在疫情期间，酒精、性玩具、贺卡、武器、涂色书和拼图玩具等产品的需求会飙升。再比如，网飞的订阅量同样会大幅增加。考虑到类似极端事件的发生，商店和供应链提前行动起来，为消费者储备足够多的卫生纸，这难道不是常识吗？

对那些抢到了卫生纸但却失去了工作的人来说，领取失业保险金甚至比找一份新工作还要难。在全美各地，失业保险金的发放普遍延迟，有时还会出现停发的情况。当你打电话问你的支票在哪里时，你希望有人能够给出解释，比如为什么你的申请会被延迟或为什么你的账户会被锁住等，但结果往往是，你等待了几个小时，最终电子系统却突然挂断了电话。

无论我们戴口罩还是不戴口罩，参加现场会议还是参加视频会议，无论是在疫情期间还是在疫情之后，只要是有人聚集的地方，就有缺乏常识的问题。最重要的是，我希望通过前面这部分内容让你知道，你每天所经历的那些挫折、限制、掣肘以及各种纠结和棘手的问题，并不局限于工作场所。相信我，这种蠢事在世界各地不断上演。

在接下来的章节中，除了呈现商业环境中更难以置信的有关常识性问题的真实案例，我还会提供一个路线图，让你在工作场所建立起自己的"常识部"（Ministry of Common Sense）。

在我看来，常识是放之四海而皆准的。这实际上也是一个常识。

第一章

为什么我的
电视打不开?

就跟我当初一样,现在你可能已经开始认识到,在各种类型、不同规模的企业中,常识缺乏的问题是多么普遍和根深蒂固。这多少有一点让人感到沮丧,但常识到哪里去了呢?我们来看看常识缺乏所导致的情况:美国运输安全管理局禁止乘客在飞机上使用刀具(但从它的官方网站上可以看到,鹿角、人工骨架、地掷球和面包机是可以随身携带登机的);[1] 意大利政府出台了一项法律,禁止制售圆形冰块,原因是它们可以用作武器(方形冰块也可以用作武器,但没关系);我在亚洲的一个卫生间里看到一块指示牌,上面写着"使用马桶时不要踩在马桶圈上"。在日常生活中,这些明显有违常识的情况不仅浪费时间、消耗精力、引发怒气,而且还会让我们付出高昂的代价。一家咨询公司的研究发现,就实施多年且从未修订过的旧规章制度而言,公司每年负担的合规成本达 150 亿美元,而在组织内部,基于这些规则的合规管理,还会让公司付出 940 亿美元的成本。

这就是为什么在为机构客户提供服务时,我几乎都会在第一时间成立一个名为"常识部"的部门，致力于解决组织内的各种阻力、障碍和难关，而对于这些阻力、障碍和难关，大多数领导者和经理人甚至都不知道它们的存在。顺便说一句，"常识部"并不是一个令人腻烦、异想天开、自我感觉良好的管辖部门。它不是权宜之计，而是实实在在的措施，是抵御轻率的，有时甚至是杂乱无章的系统、流程、规则和制度的第一道防线。因为这些规则和流程会挤占资源，打击士气，并会降低生产率。

今天，我穿行于世界各地，助力组织由内而外改变自身文化。但在过去，我并不是这么做的，算起来，这也不过几年的时间。在更早的20多年里，我主要扮演的是全球品牌专家和顾问的角色。回过头来看，在我服务于微软、百事、汉堡王、乐高和谷歌等公司期间，工作重点大多放在了表面问题上。我热爱工作，但回想起来，也只是打一枪换一个地方而已。如果我想出了一个点子，而且知道决定权掌握在雇主手中，那么我就会转向下一个问题。有时我会想，无论我认为这个点子有多好，它最终取得成效的概率都只有50%，但那是公司的问题，不是我的问题。

我们来看一个典型的例子：2005年，麦当劳聘请我来改进他们推出的"欢乐套餐"。

有人可能不知道麦当劳的"欢乐套餐"，它实际上是成人套餐的儿童版。具体来讲，儿童可以在牛肉汉堡、芝士汉堡和麦乐鸡中挑一份主食，而与主食相搭配的是一小份薯条、一杯苏打水和一个影视剧的周边玩具。就儿童食物而言，这是高效率的供给方式，而且价格也不高。当然，这与你所说的减肥餐或营养餐还不能完全画等号。当时，全球趋势都指向同一个方向："真正"的食物将会兴起，而快餐和加工食品的热潮将会退去。越来越多的文章把快餐同儿童肥胖联系在一起，不仅在美国，在整个欧洲、中东以及日本都是如此。摩根·斯普尔洛克执导的喜剧纪录片《超码的我》也已上映，影片记录了这名导演连续一个月只食用麦当劳食品对其生理和心理健康所造成的负面影响。鉴于所有这些忧虑，我有条件地接受了麦当劳的聘请，而这个条件就是由我来打造一个健康的、可激发儿童想象力的套餐，用其替代"欢乐套餐"。最终，我想出了一个概念——"梦幻套餐"（Fantasy Meal）。整个套餐围绕单一目的设计，那就是让儿童吃西蓝花。

说实话，"梦幻套餐"对孩子很有好处。在其中一个套餐中，一只小龙用爪子抓着汉堡面包，而牛肉饼就在一旁，同时配以用黄瓜条和胡萝卜制作的楼梯。另一个套餐是航天飞机的复制品，在飞行员座位上摆放着番茄片坐垫，同时用胡萝卜条作驾驶舱门的支架。我认为我设计的"梦幻套餐"非常棒。通过为儿童提供环境友好型营养膳食，麦当劳将会因解决一个备受关注的文化和社会问题而赢得广泛赞誉。孩子将会吃得更好，父母将会感到高兴，每个人都是赢家。

我收到的反馈是极其积极的。有趣！我一次又一次地听到这个词。我认为这是积极的，而我有所不知的是，如果一个生意人说你的点子很有趣，实际上是说它根本行不通。是的，在某些时候，有趣就是这个意思。但在其他时候，特别是在公司中，有趣则会有三重意义：第一，他们讨厌你的点子；第二，他们讨厌你的点子，但讨厌归讨厌，还是可能会说服同事，让他们相信这个点子非常好；第三，他们喜欢你的点子，但非常清楚公司管理层不会给予任何支持。

在接下来的几个月里，"梦幻套餐"这个创意被辗转交给麦当劳的各个全球办公室。那里的人给出反馈，同时提出了一些小的更改建议——但请相信，我们仍认为这个点子非常有趣！大概一年后，"梦幻套餐"创意又回到了我手上。

当你还是个孩子的时候，你有没有过在人群拥挤的超市中找不到妈妈的经历？你大哭起来，然后你看到了她的背影，一边喊着妈妈一边朝她跑去，但就在那个人转过身时，你发现她根本不是你妈妈，你看到的是另一名女士。当"梦幻套餐"创意重回我手上时，我看到的也是"另一名女士"。龙没有了，黄瓜条楼梯没有了，番茄片坐垫没有了，胡萝卜条支架没有了，但多了一个小苹果。

可见，"梦幻套餐"的推广成本，显然是有一些内在问题的，比如建立新工厂的成本，雇人准备这些水果和蔬菜的成本，以及在所有门店安装新设备的成本，等等。虽然有些事情已经记不得了，但我只知道那时麦当劳给出的是否定的答复。

无论是过去还是现在，麦当劳每年都会卖出几十亿个汉堡。为什么要搞砸一个成功的配方呢？吃薯条的时候吃个苹果，孩子们，别忘了多锻炼。

但那是一个有趣的点子！

我发现，好点子最终被搞砸的情况真实存在。在实施过程中，最初的设想往往会被折中或打折扣。这是一种现象。不仅如此，人们做生意的方式也发生了变化，但并没有朝更好的方向发展。越来越多的公司开始投资最先进的技术系统，致力于实现日常烦琐工作的自动化，从而将员工解放出来，以从事更多的脑力劳动。系统和流程决定员工如何花费时间和精力。公司引入大量关键绩效指标（KPI），量化其所做的一切工作，这对解决跨部门之间的问题产生了令人遗憾的负面影响。结果就是，客户满意度逐渐下降，员工士气亦是如此。整个世界都是这样，而这种情况也改变了我的职业生涯轨迹——此前大致是呈线性的。

忘记自己是独立的人

我想，问题可能并不是出在概念上，而是出在组织和组织文化上。如果企业的核心是一群人在一个共同的目标下结成网络，那么我所看到的每一个地方，这些网络似乎都将趋于瓦解。而在这个过程中，首当其冲的就是常识。

随着所服务公司的增多，我逐步建立起了一个包含5个部分的计划，旨在帮助企业组织重建一些常识。这个计划需要时间，它不可能在一夜之间取得成效。这是因为，人们在开始进入组织工作时，他们会发生变化，他们会忘记自己是独立的人。他们开始遵守各种规则、流程、程序以及正式和非正式的行为准则，而在组织之外的任何人看来，这些都是没有道理的。久而久之，他们就会忘记对一些事情的感受：银行通知他们说公司的支票账户被冻结了，他们无动于衷；他们的"客户关怀"热线涉及4个不同的部门，而客户在漫长的等待中则被一遍遍告知，"为了培训，您的电话可能会被录音"，对此他们同样无动于衷。这种情况下通常就需要外人介入，帮助企业解决盲点问题。

好消息是，通过重建组织内的常识，员工将会以更人性化的目光看待世界，并在此过程中重新打造公司品牌。

假如你是一名消费者，在网上订购了一双平底鞋，但收到货后发现尺码是错的。由于找不到退货运送标签（因为包裹中根本就没有），你把鞋塞入一个旧的红酒箱中，然后在当地邮局支付17美元的运费办理了退货。两个星期过去了，你没有收到发货公司的任何信息。当你打电话要求退款或更换商品时，你的电话被从一个部门转到另一个部门，总共转了三次才找到具体的负责人。这家公司并没有在网站上公布客户服务电话，因为它根本就不想接到客户电话。挂断电话后，你陷入沉默，然后开始大喊，发誓永远都不会再从这家公司买鞋了。事实上，如果退货或换货都像这家公司这么麻烦，你可能发誓永远都不再穿鞋了。

作为一名员工，如果类似的事情发生在你身上，你想要这样的服务或你期望这样的服务吗？有了这样的经历，你还会向朋友和家人推荐这家鞋业公司吗？我想你是不会的。（不妨考虑一下，假设每名员工认识至少20个人，而一家公司拥有数万名员工，那么仅是推荐购买一项，就足以让很多组织扭亏为盈。）福特汽车前首席执行官艾伦·穆拉利曾告诉我，在上任之初的两个星期里，他就意识到公司出了问题,因为在内部停车场,他发现员工开的车大部分都不是福特车!

有缺陷的企业生态

总之,效率、生产力、士气和幸福感的提升均与组织内部的常识有关。而常识的缺乏,即便对于那些看似再平常不过的物品,也会产生重大影响,比如电视遥控器。

几年前,我前往迈阿密参加一次会议,住在当地酒店。因为想看一下当天的重要新闻,我顺手拿起了电视遥控器。这是一个异常复杂的遥控器,复杂到可以发射火箭。遥控器上的数字极小,按钮极多,而且还有三个独立的数字键盘。启动按钮在哪里?是那个标有"On"的红色按钮吗?等一下,为什么有两个红色的按钮?如果我同时按下两个按钮,那么相对于只按下一个按钮的观众,是不是可以看到他们所看不到的神奇节目?那个标有"Source"的按钮是什么意思?"a-b-c-d"是什么意思?所有的箭头标识又是什么意思?在胡乱按了几分钟之后,电视终于被打开了。看了几分钟新闻,我准备把电视关掉,却发现遥控器上有两个关闭按钮。当我按下第一个关闭按钮时,房间里的灯光暗了下来,让人觉得性感而富有情调;当我按下第二个关闭按钮时,空调关闭了;电视还在开着。最终,我爬到旁边的桌子上,翘起屁股,用力拔下了墙壁插座上的插头,切断了电视、小冰箱和落地灯的电源。

第一章
为什么我的电视打不开?

几个月后,在飞往纽约的途中,一名邻座乘客向我介绍他自己。纯属巧合:他是一名工程师,供职的公司恰恰是那个电视遥控器厂家。"你肯定没有听说过我们公司?"他说。"要打个赌吗?"我问。

我打开笔记本电脑,向他展示我制作的有关该遥控器的PPT(演示文稿)。"你们这些人到底是怎么想的?"我说。他僵在了座位上。他向我解释说,他们公司是存在一些内部问题,各个事业部都在争夺遥控器的控制权,且无法达成一致意见。最终结果就是,电视遥控器被分成了不同区域,而每一个区域都代表着一个内部部门,比如电视部门、有线部门、数字录像机部门、卫星部门,以及负责全天播放大乐团音乐或说唱音乐的部门,或负责放映冬日里噼啪作响的"圣诞柴"(yule log)的部门。这名工程师似乎对他们公司所做的事情以及公平解决这件事情的能力感到自豪。自此之后,公司内部就再也没有出现争吵了。在遥控器上,每个部门都占有一席之地。"但事实上,我根本不知道如何打开电视。"我说。他看着我,仍是一脸疑惑。

一个过度复杂的遥控器怎么又跟组织内的常识缺乏挂上钩了呢?很简单。正如坐在我旁边的那名工程师所指出的,这个普通的电视遥控器连同上面的各种箭头、按钮、数字和字母反映了一家地方电信公司内部的沟通不畅和权力斗争。就如人行天桥上的一条小裂缝意味着更严重的基础问题一样,反直觉的遥控器向我们指明了公司内部存在的几个核心问题。在这家有线电视公司,五六个各自为营的部门相互争斗,确保自己在遥控器上占有一席之地,而不是从整体上也就是从用户的角度去审视产品。

就公司内部的这些部门而言，它们之间可能连最基本的沟通都没有。这就是为什么用户拿起这个纤细修长、错综复杂的塑料怪物时会感到困惑、厌烦和愤怒。常识缺乏的根本原因，通常在于组织、员工和用户之间的一系列脱节。最糟糕的情况是什么？久而久之，用户就会把责任怪到自己身上，好像搞不懂这个遥控器是自己的错一样。

我只是通过这样一个例子，表明我们周围的事物是如何不可避免地同组织内部更严重的常识性问题联系到一起的，而类似的例子你在本书中还会看到很多。比如，导航应用位智（Waze）通知说附近的高速公路处于拥堵状态，于是导航重新规划路线，引导你驶入一条狭窄辅路，但这意味着数以百计的其他位智用户也会选择同样的路线，结果我被堵在了一条拥堵长达 8 英里（约 13 千米）的小路上。比如，航空公司提示你打开遮光板（是出于安全规定吗？）或拉下遮光板（是与环境有关吗？）。比如，同样是这些航空公司，将乘客随身携带的每份瓶装液体容积限定为 1 盎司（约 30 毫升），但却忽视了一个事实，那就是如果把这些瓶子中的液体都倒入一个大瓶子里，一个人就能制造出足够的液体——你知道的。比如，美国国土安全部为申请者提供的在线表格中，有一项提问是："你是恐怖分子吗？"在这个问题后面，还附有一个方框，方框后面的文字是"如果你的答案是肯定的，那就在上面打钩"。比如，有的刷卡机让你刷卡，有的让你插卡，有的则让你签字。比如，为避免排长队，你在网上订购了音乐会或活动的门票，但到了现场你却发现，取票也需要排一条长长的队

第一章
为什么我的电视打不开？

伍。比如，我知道有一家公司，要求员工在打电话请病假时，要提前 24 小时提交病假申请（从生理学角度讲，我不知道这样的规定是如何执行的）。这样的例子不胜枚举，当然我也会继续讲下去。作为消费者和用户，我们面临的蠢事和不便，几乎都可以直接追溯到一个有缺陷或破损的企业生态系统，出于某种原因，这个系统背离了一些最基本的常识。

第二章

同理心到
哪里去了?

为便于安排会议日程，一家大型公司上线了一套在线日历系统。通过这个系统，员工可以很容易地找到同事可预约的时间段。于是，他们开始急切地预约会议时间，结果每个人的日程表都被排得满满当当。为阻止完全陌生的人预约会议时间，员工开始在日历系统中添加虚假会议，以填满自己的日程安排。作为一种变通方式，数千名员工聚到一起，创建了一个保密级的纸质版日历系统，据此预约彼此的真实会议时间。

上线一套昂贵的在线日历系统，结果却导致生产率下降，而员工也不得不通过电话来确定同事的可预约时间。试问在这种情况下，常识何在？

你有没有过这样的经历：下午3点左右，你和朋友走进一家没有任何顾客的餐厅，然后要求安排一张餐桌？你可以想象那是一家有足够空间、令人愉悦的餐厅，空空荡荡的餐厅尤其让人愉悦。每张餐桌上都摆着餐垫、镀银餐具、纸巾和玻璃杯。餐厅领班对你们的到来表示欢迎，而当你告诉他你们就两个人用餐时，他说："好的，请稍等一下，我看看……"

他在计算机前敲了几个键。丁零，丁零，丁零……餐厅里的每张餐桌都空着，除了你们和他，再无任何人。那么，他这是在干什么呢？为什么不直接说"随便挑张桌子"或者说"两位随便坐"？相反，他眯起眼，紧盯着屏幕，然后又敲了几个键。他是在修改专题论文，还是在写剧本？他抬起头来，扫视大厅。那种表情，仿佛是在看你看不到的东西——满屋子衣冠楚楚的食客正在大快朵颐。他以一种会意的方式注视着你，然后说"跟我来"。他手里拿着两份菜单，带领你们穿过大厅，然后来到距餐厅卫生间约 2 英尺（约 0.6 米）处的一张餐桌旁。好吧，至少还算方便。"祝用餐愉快。"他说。

"哇，非常感谢你的帮助。"你说。

承认一个眼前就存在的东西，比承认一个不存在的东西要难得多，这一陈述用在常识上面再合适不过了。在开始进一步讨论之前，让我们先来看看什么是常识以及什么不是常识。这是一个颇为棘手的定义，因为常识是潜意识里的，且对我们的决定有着至关重要的影响。我们很少会停下来想一想，我们是如何学到那些常识的，比如过马路时左右两边都要看一下，晚上要把恒温器的温度调低，等等。类似属于常识范畴的事情，数不胜数。

何为常识？

常识是指人类基于经验、观察、智力和直觉而形成并不断完善的判断和本能。它是从数百年的人类经验中演化而来的,它源于你、我以及我们的祖辈对行为模式的观察,对健康威胁及恐惧的规避,对人类安全、心智健全和福祉的维护。常识是我们辨别是与非、高效与低效、有用与无用、有价值与无价值、秩序与混乱、洁净与肮脏、干燥与潮湿、安全与危险、成熟与稚气、有益与有害,以及明智与失策的能力的总和。常识是实用的,是合乎情理的,是迭代的,是动态的。它是显而易见的,或者说应该是显而易见的。在常识存在的地方,人们的幸福感、生产率和生活质量往往都会得到提升;在常识缺失的地方,人们则会抓狂。

一般来说,父母和老师负责传授最基本的常识,这是一个自我们孩提时代就开始的、循序渐进的持续的教育过程。比如,要多吃蔬菜,要穿袜子,要勤换内衣,要天天刷牙,下雨时要打伞。之后,我们还通过其他渠道学到更多的常识原则,比如从朋友和兄弟姐妹处,从电视剧、电影和书本上,以及从我们自己的求学和生活经历中,等等。很快,常识和隐含在常识中的种种条款就会不知不觉地融入我们的潜意识。

比如,每天洗澡时使用香体露(否则没有人愿意待在我们身边);一日三餐(否则我们会饿),把甜点放到最后吃(因为……甜点的原理就是这样的);不要抚摸陌生的狗(否则它们会咬你);要存钱(否则我们就没钱了);要多锻炼(否则我们会长胖);要多喝水而不是多喝含糖苏打汽水(同上一条,外加蛀牙);要保证 8 小时的睡眠(否则我们第二天会效率低下);冬天要穿保暖的衣服(否则我们会感冒);外出要关掉煤气灶(否则会发生煤气爆炸,或者我们的房子会被烧掉);等等。试错法在常识积累方面扮演着重要角色,比如

第二章
同理心到哪里去了?

给汽车更换机油、遛狗,以及在结婚纪念日买花,等等。技术传闻也同样扮演着重要角色:通过社交平台Tinder约会时,首次见面要选公共场合(否则你可能会被谋杀);在开车时不要发信息(否则你会撞到树上);不要把手机密码设为"1234"(否则陌生人可能会偷走你的所有信息);不要在社交媒体上分享孩子的照片(我不确定会发生什么,但这么做不好)。

试想我们一生中会接触多少常识,但为什么它在组织内就如此缺乏呢?

作家哈丽雅持·比彻·斯托给常识下过一个定义:"看清事物的本质,并遵循事物的规律来做事,这就是常识。"[1]公司难道不应以它们自己想被对待的方式来对待消费者和员工吗?它们的行事方式不应遵循常识吗?它们生产的产品和提供的服务不应是公道的、可信赖的、注重实效和实用的吗?你会这么想,不是吗?

一家知名的全球投资公司(你应该知道它的名字)将员工职级分为12级:L1级是指出纳员和客户服务代表,然后逐级向上,直到最高的L12级,也就是首席执行官级别。任何以人工方式支付给客户的款项都需要L4级员工(也就是高职级人员)签字。这项规则意味着付款请求首先要通过L1级到L3级(另一条规则要求签字逐级批准,而不能直接"跳"到L4级)。

每一个级别的签字都需要时间,因而付给客户的款项十之八九都会延期。延期付款会产生罚金,而每笔罚金也需要L4级的员工签字——是的,你没看错!这项规则原本是为减少成本以及最大限度地减少罚金而制定的，没想到却导致了更多的延期和更多的罚金。

常识瓦解的背后

依我来看，在商业领域，常识瓦解的背后存在多重因素。我会在后面逐一详细讲解，但在这里，我先简单总结一下。

（糟糕的）客户体验

我将客户体验定义为一种产品或服务交付到客户手中乃至使用过程中的每一个接触点的体验，无论在线交付、实体店交付还是电话交付。优质的客户体验需要每一名员工的努力。世界上最成功的组织和品牌总是站在客户的角度考虑问题并采取行动。

你会惊讶地发现，这样做的公司少之又少，我前面讲的电视遥控器和耳机就是典型例子。大多数公司只会对华尔街和股东负责，仅此而已。它们忽视了那些真正购买和使用它们的产品及服务的人，忘记了以客户为中心的组织不仅会创造价值，而且会推动实现可持续增长。在这一涉及优先事项的冲突中，常识消失了。

政治

我们可能都同意一点，即无论何时，只要涉及自我、层级、权力、金钱和人员，组织政治就会随之而来。在我看来，公司若存在如下几种情况，则一定会出现办公室政治问题：一是公司内部划分多个层级；二是公司办公室和员工之间存在地理距离；三是老板常常改变想法和观点；四是公司内部存在各自为营的文化；五是缺乏经常性的内部沟通；六是员工对组织内其他人员所从事的工作知之甚少，并专注于守护自己的地盘。在这种混乱的环境中，常识往往会成为最早的牺牲品。

技术

抱怨技术其实是没有道理的，但这并不意味着它就是无可指责的。毋庸置疑，技术已经侵入我们生活的方方面面，而那些尚未侵入的领域，在未来几年或几十年里也是避免不了的。技术带来的价值和便利显而易见，在大多数时候也是深受欢迎的。或者，我们现在已经深刻地认识到，无论我们怎么想，也无论有没有我们，技术都将会继续向前发展。

我谈不上是技术反对派，但有一点最重要，技术是常识的敌人。它毁灭同理心，使我们的组织降格，把成年人变成孩子，并阻碍创新，最糟糕的是，它会让我们怀疑人类储备的常识。美国劳工统计局 2016 年发布报告称，尽管美国人在工作上比以往任何时候都努力，但整体生产率再次大幅下降，而自 2006 年以来，这一下降趋势就没有改变过。[2] 虽然我无法证实技术在其中所扮演的角色，但它肯定要负一定责任。

会议和PPT

只要公司愿意，会议日程可以从早排到晚，早餐会、茶歇会、午餐会、午后会、黄昏会、晚餐会、睡前会等。大多数会议开始时间晚，结束时间也晚，而且没啥成效。当员工没有尽其所能给老板留下深刻印象，没有尽其所能在同事面前展现出自己的聪明才智、敬业精神和内在驱动力时，他们就会着手准备下一次会议以及下下次会议，而在会议上，PPT演示是必不可少的……

"发我一份PPT"，还有比这几个字更让人不寒而栗的吗？现在，你可能和我一样已经知道这句话的意思了：如果有人让你给他发一份PPT，说明他对你的想法不屑一顾；而如果你发了，大概率也不会有人看。PPT演示不仅浪费时间，而且还降低生产率，不过是例行公事而已。

规则、规范和政策

我们从小就被告知：不要下水游泳，不要践踏草坪，不要赌博，小心台阶，所有乘客必须出示有效证件。后来加入劳动大军之后，各种规则、规范和政策就开始增多起来：晚上8点之后，乘坐服务电梯；所有员工必须持有TG7证书；请提交76Z表格；你的请求已被拒绝。

在线上，情况也一样糟糕：密码连续输错三次，你的账户将会被冻结；网页拒绝访问；你的密码至少要由 6 个字符组成，包括一个大写字母、两个数字；1$\frac{1}{2}$ 杯洋葱碎、2 汤匙通用面粉，以及 6 盎司（约 170 克）去皮去骨鸡肉。

大多数公司都制定了各种各样的规则、规范和政策，有些是正式的，有些是非正式的。大多数规则、规范和政策是以独立文件形式存在的。从没有人把它们作为一个整体来审视（因为这样的文件实在太多了），就像软件更新或下载时跳出的隐私条款或合规条款一样，没有人会去阅读。我们只是简单地勾选同意，并希望不会因此而浪费生命。更糟糕的是，这些规则、规范和政策已经成为公司传统的一部分。没有人能够牢记所有文件，事实上也是不可能的。结果就是，每个人在公司都变得战战兢兢，他们开始想象，使用铅笔刀或唇彩是"违反公司政策的"，或者这类行为还没有得到组织内高层的批准，因为新政策不都是由管理层来批准吗？

合规和法律

只是你所在的公司才这么小心翼翼、循规蹈矩吗？不，事实上每家公司都是如此。我们这些在组织内工作的人，谁还不是栖居于一个由规则、手册和限制条件构成的体系中呢？合规和法律部门出台的这些规则、手册和限制条件，为我们规定好了所有——从着装规范到如何以最佳方式与客户闲聊等，不一而足。

常识工作法

但如果员工被持续告知要遵守公司的各种章程和指令,并忽视"直觉"所告诉他们的事情,那么久而久之,他们就会失去自我,并会放弃自己的本性。结果就是,内部规定赢了,常识丢了。

美国最大的城市之一问自己:"如果这个城市的每一个公民都能用上无线网络,那会怎样?"这是一个好主意,而且早就应该提出来了,因为它无疑会吸引创业者和新企业入驻这个城市众多的摩天大楼和写字楼。很快,数百个路由器就被安装到了城市各处的树木和电线杆等地方,大多数安装点都位于人行道上方45英尺(约14米)高的地方,相当于三层楼高。不幸的是,这个城市似乎不知道或者忘记了路由器的信号是偏向下而不是偏向上发散的。结果,在三层以下的住宅或办公室里,无线网络信号非常强大,而在三层以上的地方,则几乎没有任何信号。

在进一步讨论常识之前,我想先澄清一些重要的事情。此前,我已经讲过,常识是明智的、合乎情理的、实用的和讲求实际的。常识意味着你在做决定时会运用良好的判断;无论是在家中还是在工作场所,你都会保持一种理智而审慎的生活方式;你知道该做什么以及该如何做出反应,这是本能的、无意识的,它源于基本的人生经历,而不是某种研究或某种神秘的知识体系;常识还意味着你可以评估一种处境或一组事实,进而做出合理而明智的判断。这些你都知道,对吧?

可以说,常识是这一切的总和。但现在,常识在现实世界中越来越少见,而这背后的原因可能并没有你想象的那么简单。就我的经验来看,公司内或生活中的常识缺乏,与日渐消失的同理心之间存在明显的关联关系,甚至可以说是直接相关。

常识缺乏与同理心

如果这听起来让你觉得不可思议,那么不妨想一想我在前面提到的那些常识原则,也就是我们的父母和老师手把手教给我们的那些原则,比如下雨的时候打伞,天天刷牙,要说"请"和"谢谢",在公共汽车或地铁上要给孕妇或老年人让座。常识的本质不就是站在他人的角度去考虑他人的感受吗?

毕竟,你知道没有伞的后果是什么,你知道一辆车在人行道上与你擦肩而过的感觉是什么,你知道忘记锁门或忘记关闭炉火意味着什么,你也知道不说"请"或"谢谢"会发生什么。你难道想让别人特别是孩子也犯同样的错误吗?表面上看,这是一种理性,但从本质上讲,常识涉及关爱、关系和情感认同。常识其实就是关于同理心的。

毋庸讳言,现在我在组织内部很少谈论同理心。公司通常会把这个词语跟多愁善感、哭泣或懦弱联系在一起。它似乎不太适合正式的圈子。所以,无论何时,当我在企业内部强调常识问题时,我都会借用一位好莱坞导演的概念。

阿尔弗雷德·希区柯克因其电影而闻名,他的非典型的剧本创作也广为人知。比如,他在作为编剧和导演的每一部电影中,都会写两个独立的剧本：蓝本和绿本。蓝本类似于传统的三幕剧，有对话、提示、拍摄角度、拍摄镜头和舞台说明等。当詹姆斯·斯图尔特望向窗外时，重点是看邻居在清洗刀吗？看蓝本。蒂比·海德伦在被鸟儿袭击时应该站在哪里？看蓝本。而绿本则着重于照顾和满足观众的感受，每一分钟乃至每一秒钟的感受：理解，焦虑，恐惧，震惊，解脱。

在一家公司，如果蓝本描述的是成因（比如，运营效率低下），那么绿本展现的就是整体效应（比如，缺乏常识）。如果蓝本突出的是那些各自为营、缺乏合作的部门或那些妨碍生产率的系统或流程，那么绿本揭示的就是哪些地方缺少了常识（很多时候是缺少了同理心）。这可能是把呼叫者的电话转接到11个不同部门的客户服务中心，也可能是每次持续一个小时的周例会——这种会议纯粹是为会议本身而存在的。

如果说以事实为基础的、明确的、可测量的蓝本重点关注的是日常问题或误工怠工、沟通不畅等问题，那么绿本则着重于这些问题的效应，而最常见的就是缺乏常识和同理心：不同部门或事业部之间的同理心，公司高层和中层之间的同理心，以及员工和客户之间的同理心。

"同情心"和"同理心"

什么是同理心？同理心是指我们感受他人之感受、体验他人之体验的能力。人们常常混用"同情心"和"同理心"这两个词，但在工作场所，我一般是这样介绍它们之间的区别的：

想象你和我一起参加远洋航行，碰上狂风暴雨，海上波涛汹涌。我看到你站在外面的甲板上，弯着腰，脸色苍白，双手紧紧抓着栏杆。过了一会儿，我看到你朝着一边呕吐。如果我来到你身边说："呀，可怜的家伙。"然后递给你一张餐巾纸，这是同情心；如果我和你一起站在甲板上，然后我也吐了起来，这就是同理心。

也就是说，同情心意味着我们能理解他人的经历。如果一个人的母亲刚刚去世，我们对这个人表示同情；如果一位朋友刚刚被解雇，我们对这位朋友表示同情；如果我们读到一家人在飓风中失去了家园的新闻，我们对这家人表示同情。同情心就到此为止，不会再深入下去。通常来说，它是我们在日常生活中给予他人的一种礼节性的关心，比如朋友、邻居和店主等。在美国和英国，同情心实际上是一种文化指令。

多年前，在第一次或第二次前往美国时，我仍搞不太清楚这个国家的非正式交往规则，常常犯错。我记得有一次在酒店前台办理入住手续时，接待员礼貌地问我："你好吗，先生？"我永远都不会忘记我就自己真实情况做出的坦率的、发自内心的、令人受尽折磨的和过于详细的回应（之所以说过于详细，是因为唯一正确的答案就是简单回复一句"很好"）。他看起来有些吓坏了，然后沉默不语了，他可能觉得我需要做一次全面的医学检查。

一年前，当我在伦敦时，类似的事情也发生了，但情况刚好相反。有人问我:"你还好吗?"我据实回答事情并不顺利,而且我父亲刚刚去世(真实情况)。"很愿意听你讲这些。"他迈着大步说道,"我看今天的好天气就是你带来的。"这进一步强化了我所持的观念,那就是同情心通常只是我们日常交往中最薄的装饰物,其背后再没有其他情感支撑。

(我常常发现,在飞行途中,当我要一杯加冰和柠檬的气泡水时,乘务员总是会搞错——要么忘了加冰,要么忘了加柠檬,要么就直接给我一杯白水,可能是因为她们听到的类似要求太多了。为避免这种情况的发生,我现在都告诉她们,我想要一杯冰,加柠檬和气泡水。虽然这个要求听上去让人感到不可思议,但她们却真的给我送来了。)

同理心比同情心在情感上更深沉,在关系上更密切。它不像同情心那样有着明确的边界,也不是一种默认的条件反射,而是一种认同行为。如果一位朋友刚刚在工作上遇到了严重的糟心事或刚刚结束了一段关系,那么在同理心的作用下,我们会设身处地地为朋友考虑,想象这样的事情发生在自己身上会是什么感受。

自婴儿起,我们就开始学着模仿别人,这是我们学习事物的方式。当你冲着一个婴儿宝宝吐舌头时,这个宝宝也会迅速给予回应,吐自己的舌头。在我们还是婴儿的时候,母亲对着我们笑,我们也会报以微笑。如果我们的某个小伙伴擦伤了胳膊或扭伤了脚,我们会"感受"到他们的感受。有人打哈欠,我们也回之以哈欠,近乎一种呼叫应答模式。仅仅是看到"哈欠"这个词,你和我也有可

第二章
同理心到哪里去了?

能打个哈欠。"长指甲划黑板",当你看到这句话时,心里会想什么?[3] 我们会本能地畏缩逃避。这是因为指甲划黑板的声音,会让我们产生一种难以忍受的感觉。这种声音以及其他恼人的刺耳声(刀具碰到盘子时发出的叮当声或拖拉声等)位于人类音频范围的中段,而据一项研究推测,这个频率模仿的是我们的黑猩猩祖先的惊悚尖叫声。这有点扯远了。(有一次,我跟葛兰素史克的一个焦点小组举行座谈,在讲到一款新洗发水时,房间里的每个人都开始挠头。)简而言之,我们人类的生存依赖于同理心,即对他人的感受或行为的理解。

几年前,在跟雀巢合作时,我就想起了这一点,当时是帮助他们在法国推出一系列有机婴儿食品。雀巢天然系列是市场上非常纯净、非常健康的生态婴儿食品,它无盐、无糖、无化学添加剂、无稳定剂,但出于某种原因,就是卖不动。雀巢在该系列产品上投入了很多钱,但没有人知道为什么法国的婴儿吃的时候会吐出来。我拜访了法国各地的消费者,很快就找到了原因。在喂食婴儿时,新妈妈通常会先品尝一下食物,然后对着孩子笑,表示味道很好。在妈妈表情的示意下,婴儿就会吃完。这一次,我把注意力放到妈妈身上。在当着婴儿的面品尝雀巢天然系列产品时,她们的表情是失望的。显然,她们讨厌这种食品:寡淡无味,而且缺少足够的调味品。受妈妈表情的影响,婴儿把吃进嘴里的食物又吐了出来。为此,雀巢不得不重新考虑他们的策略。

除少数特例之外,共情的能力,也就是同理心,是与生俱来的。

婴儿在听到其他婴儿哭的时候也会哭，一个孩子会把自己的安抚奶嘴给另一个没有安抚奶嘴的孩子。但同理心也是习得的。如果父母从小就以富有同理心的方式抚育你，那么随着年龄的增长，你的同理心也会不断增强；如果他们忽略或冷落你，那么你的同理心可能就会停留在原来的水平上，停滞不前。不管年龄有多大，我们与其他人的互动越多，同理心就越强。这就是问题的关键。

不断下降的同理心

事实上，同理心水平已经在呈下降趋势，至少在大学生中如此。据《纽约时报》报道，密歇根大学的研究团队对14000名大学生的"人际敏感性"的四大要素进行了考察，时间跨度从1980年到2010年。[4]依据这些要素，研究人员测量了学生对他人所遭遇不幸的同情或痛苦程度，以及他们设身处地地考虑他人（包括书本和电影中的虚构人物）感受的能力等。《纽约时报》报道称，"在共情关切和设身处地地考虑他人感受方面，学生的得分在显著下降，降幅分别为48%和34%"。该报同时援引密歇根大学研究团队的发现，表示"千禧年以来，受视频游戏、社交媒体、电视真人秀和超级竞争等因素的综合影响，年轻人沉迷于自我，变得肤浅，放飞个人主义，追逐个人雄心"。

密歇根大学的这项同理心研究成果是在2010年发布的。在之后的10年里，我怀疑人们的同理心已经进一步下滑。手机在我们和世界之间竖起一道屏障，使得我们不再去关注一些事情。手机已经成为盾牌、光剑、过渡客体和幻肢，它们抵御我们的恐惧、焦虑、孤独、自觉、悲伤和渺小。如果在酒吧等人，而对方迟迟未到，我们就会摆弄手机，而这样做只是为了减轻我们的焦虑感。

据常识媒体（Common Sense Media）2019 年发布的一份报告显示，26% 的父母在睡前 5 分钟内会查看智能手机或平板电脑；大约同等比例的父母半夜至少起来一次，并查看手机；23% 的父母会在早上醒来后的 5 分钟内查看手机。相关比例在青少年人群中更高：40% 的青少年会在睡前查看手机或平板电脑；36% 的青少年会半夜起来查看遗漏信息和呼入电话；32% 的青少年会在早上醒来的 5 分钟内查看手机。[5]

几年前的另一项研究显示，两个人在 10 分钟的对话期间，仅是桌上放着手机，其同理心水平就会下降。[6] 研究人员说："在没有移动通信技术的情况下，人们对话时的同理心水平显著高于存在移动设备的场景，这一效应不分年龄、性别、族群和情绪。"他们还补充说："在无任何移动设备的场景下，人们在对话期间会表现出更高的共情关切。"[7]

现在，一些富有创新精神的人工智能公司甚至尝试以数字方式引入同理心。比如波士顿的科吉托公司（Cogito），在客户服务代表未展现出足够"爱心"时，其产品会在屏幕一角显示心形标志。[8] 这些以及其他类似的视觉提示正被越来越多的呼叫中心采用，其中包括大都会人寿保险的呼叫中心：如果通话时间太长，屏幕上会显示一个速度计；如果客户服务代表声音听起来倦怠无力，则会显示一杯咖啡；等等。如果工作人员出于某种原因无视或忽略这些提示信息，科吉托就会把情况上报给他们的主管。

如果浏览一下一个国家的网站和报纸的头条，你就会发现它的人口呈现严重的两极分化趋势。现在看，几乎任何一个国家都是如此。为什么？对于那些在政治、犯罪、种族、堕胎或性取向等问题上所持观点与我们相悖的人，我们缺乏应有的同理心，甚至对他们没有任何同情心。社交媒体的兴起也意味着展现人类的脆弱性越来越不被接受，完美或者对完美的感知毁掉了同理心。在网络上，每个人都是完美的、快乐的、富有的；他们的朋友是风趣的、富有魅力的，而且他们真的喜欢跟你在一起！在社交媒体上，你的朋友不是在参加鸡尾酒会就是在去意大利、特克斯和凯科斯群岛以及巴斯克地区旅行的路上，或者他们正在荷兰的郁金香园里自拍，但没有人注意到或全然不顾被踩踏在脚下的郁金香。我们几乎从未在网友的生活中瞥见任何弱点、缺陷或人性，当然，我们也不曾把这些展现给网友。

这就是为什么当我们在现实世界中见到社交媒体上的网友时会感到震惊。中午一起吃饭时，他们会告诉你：他们刚刚经历了一场劫难，从癌症中逃生；这是他们一年中第 5 次服用抗抑郁药了；他们的女儿正在接受康复医疗；他们的女婿找不到工作，失业了。你唯一可能的反应就是"我从没有想到会是这样"。一位好朋友告诉我，由于社交媒体，她实际上已经失去了一些朋友，因为她已

第二章
同理心到哪里去了？

经完全习惯了通过动态来阅读他们的生活，以至不再给他们发邮件或打电话。

如果同理心与常识之间存在密切的关系，那么同理心的消失会对企业产生什么影响？答案就是：如今的企业几乎把所有可以被称为"人"的东西都排挤出去了。如果某个东西不能被测量或无法被量化，那么它就不存在。而对于存在的东西，数据将决定它们的对错。如果电子邮件被退回或我们的笔记本电脑无法连接服务器，那么错在我们；如果谷歌地图告诉我们输入的地址不存在，那么我们会假设输入时漏掉了一个数字，也就是说，这在某种程度上是我们的错。

什么是对的，什么是错的，请查看指南或说明书，询问人力资源部门，咨询法律和合规部门。在 21 世纪初，我负责领导乐高公司的焦点小组。我会和一群小孩子坐在地板上一起搭建乐高城堡。城堡搭建好之后，孩子们会在上面插一面旗帜，表示大功告成。但在做这个实验的时候，我把旗子插在中间靠左或靠右的地方，孩子们告诉我插错了。旗子要插在这里！说明手册上就是这样讲的！如果你把旗子插错了地方，那么它就不起作用了！

同理心的减退会让企业付出代价。毕竟，有没有同理心，决定着你所面对的是一个终生忠诚的消费者还是一个发誓再也不会购买你公司产品或服务的消费者。我采访过一名高管，他跟我讲起他在排队时目睹的一次购物经历。那是欧洲的一家大型电子产品连锁店，为展现环境可持续性意识，这家门店制定了一条新规则：如果顾客想在收银台要一个塑料袋，则必须花钱购买。这名高管注意到了排在他前面的一名女性顾客。她购买了几千美元的物品,包括笔记本电脑、打印机、耳机,以及其他各种电子产品。

在使用信用卡支付之后,这名女顾客意识到她需要一个塑料袋来装这些物品。"1美元。"收银台的男店员说。但那名女性身上没有带钱,也没有零钱。"我刷卡吧。"她说。结果店员告诉她,信用卡交易最低限额为5美元,没有例外。可是她刚刚买了几千美元的电子设备!她怒气冲冲地退掉了购物车里的所有物品,并告诉店员说她再也不会来这里购物。谁又能责怪她呢?

2019年,我在西班牙马略卡岛的五星级酒店柏悦酒店主持一场公司派对活动。在活动准备就绪之后,我发现该酒店"忘记"告诉我他们的酒吧是晚上12点关门。这个规定太奇怪了,因为大多数西班牙人直到晚上9点或10点才开始用餐。该酒店还告诉我,鉴于一些复杂的国际规则,他们在中午12点之后将不再提供酒水服务,晚上10点30分之后不再提供客房服务。这对我来说还真是新奇——新奇的坏消息。第二天,我们整个活动团队就办理了退房手续,这比原计划提前了好几天;我们入住了附近的另一家酒店,他们的酒吧营业到凌晨2点,看来常识在这里并没有完全被抛到脑后。最终的结果就是,柏悦酒店因为一些愚蠢的、专断的、全球性的——但本地并不敏感的——规则而损失了数万美元的收入。

有糟糕的客户服务体验,当然也有卓越的客户服务体验,比如几年前在东京的一家酒吧,我点了一杯清酒。在日本,清酒通常放在木盒内的小玻璃杯中。一名年长的女性突然出现在我面前,开始给我倒

第二章
同理心到哪里去了?

酒。她一直在倒,直到清酒溢出玻璃杯沿,流入木盒为止。当我问她为什么这样做时,她告诉我,日本有一个传统,那就是给予别人的要比他们的期望更多,要比允诺做得更好,从而给人一种惊喜感。这是所有卓越的或令人难忘的客户体验背后的秘密之一,但为什么这还是一个秘密呢?

忽视同理心的企业不仅会扼杀常识,而且还会把未来的创新置于危险境地。

第三章

与客户脱节

2019年，我因公出差，不得不从迪拜飞往罗马尼亚。在离航班起飞还有一个半小时的时候，我和一名同事在迪拜国际机场的阿联酋航空公司办理值机手续。或者更准确地说，我们是试图办理。"你们得像奥运会赛场上的运动员一样快。"戴着口罩的票务人员表示，并跟解释说我们的航班要从另一个登机口起飞。在大多数机场，只需搭乘机场巴士或穿梭列车，10分钟之后你就会到达目的地。但阿联酋航空公司的第二个登机口距离这个登机口非常远，这位票务人员说，即便我能打到出租车，到达登机口时，飞机也已经开上跑道了。

我和同事只好接受错过航班的事实，但这时那位票务人员又给出了另外一个建议：如果我愿意跑——是的，跑步的跑——那么可以选择一条安检备用通道，45分钟之内即可抵达另一个登机口。"现在是我的午休时间。"他说，"我和你们一起跑，就当是锻炼身体了。"

带上行李手推车，我们三个人进了楼梯间，沿着废弃的通道跑起来，中间还经过了 6 个安检口。当遇到人多或排长队的情况时，那位票务人员就亮出证件（偶尔也会夸大其词）为我们开路。45 分钟后，我们上气不接下气地赶到了阿联酋航空公司的另一个登机口。

为什么员工会这么做？同理心。他对待我们的方式，就是他在同样处境下希望被对待的方式。从常识的角度看，他的行为确保了我毕生都会成为这家航空公司的忠诚客户。这就是"黄金法则"，而这个法则的变体之一可以追溯到 2000 年前：你们愿意人怎样待你们，你们也要怎样待人。或者反过来讲：己所不欲，勿施于人。

每次举办研讨会时，我都会请员工讲一讲他们最好的、最难忘的客户服务经历，无论是在瑞士、俄罗斯、泰国还是在美国的北卡罗来纳州。我发现有三种情境总是不断出现。第一，这段经历发生在客户存在真实需求之时。她病了，或者她的孩子病了，或者她丢失了行李，或者她的眼镜坏了，但没有带备用眼镜，或者她把手机落在了酒店房间或飞机上。第二，跟她打交道的那名员工对她的遭遇感同身受。第三，在解决问题方面，她／他为客户提供了超预期的服务。

大多数时候，上述三种情况并不会发生。为什么？原因很简单，公司从不会坐下来跟客户谈。在组织内工作的人忘记了他们自己也是消费者，时间一长，这种脱节就会导致常识短路。

在我从事的行业中，这类问题屡见不鲜。举一个刚发生的例子，当时我服务于伦敦广受欢迎的时装和生活方式品牌凯茜·琦丝敦（Cath Kidston）。合作之初，公司为我和管理团队安排了一次早会，

常识工作法

并为与会者准备了笔和记事本。这些物品都被严严实实地包裹在塑料封皮内，旁边放着精美的盒装凯茜·琦丝敦产品，也是塑料包装。为节省时间，我请早到的人帮忙拆掉所有笔、记事本和盒子的外包装。他们5个人花了半个多小时才完成这项工作。

"你们在多大程度上是以消费者为导向的？"我在会议开始时问凯茜·琦丝敦的员工。他们向我保证，公司一向坚持消费者至上的理念。"凯茜·琦丝敦的消费者关心环境问题吗？""是的，绝对关心。"他们回复道。我说："那好，在非上班时间，你们也是消费者，同样可能会网购。当你收到购买的商品时，就外包装而言，最让你感到受挫的是什么？"

他们的回答几乎是一致的：太多塑料，包装过度。早前一名女性曾告诉我，她有一次花了将近一个小时才把三件衬衫从硬纸板箱中取出来。"在座的各位有没有过类似的经历？"我问。每个人都举起了手。我请他们关心一下那些刚刚负责拆包装的同事。在凯茜·琦丝敦的零售店，他们同样要花好几个小时的时间才能把产品外包装拆完，不仅仅是笔和记事本，还有包、杯子、盘子、衬衫、连衣裙以及其他许许多多的产品。暂且抛开环境可持续性这个问题，公司这样做实际上是在浪费员工的时间和降低生产率。

一点点常识就会让公司受益匪浅

这就是我每次与公司合作时，都会先组织公司员工去客户家中拜访的核心原因。对员工来说，这是他们第一次有机会跟客户一样，从外到内而不是从内到外看待这个世界。如果你的公司是销售产品或提供服务的，那么了解你的客户是谁以及他们的需求是什么，难道不是很重要吗？

几年前，我和哥伦比亚麦德林市的一家电信公司的高管成员做了一个实验。他们中的任何一个人都未曾以客户身份体验过自家门店的服务。公司的规定是，客户的排队等候时间不得超过59分钟。（你可能会想为什么公司不四舍五入取60分钟呢？因为政府有明确规定，如果客户等待一个小时或更长时间，公司将会受罚。）就算是59分钟，也够让人厌烦了，但在该案例中，这只是一个心理游戏，一个会把电信客户气疯的把戏。

假设你是排队等候的一员。当你排了48分钟的时候，门店工作人员把你叫到柜台前，然后给你一个号，让你排到另外一队。如此一来，59分钟的排队时间就要重新计时。当排到你的时候，柜台的客户服务代表可能会告诉你，你的问题无法解决，然后将你转到第三列队伍中，又是59分钟的等待。这种经历可能会持续三个小时之久。当我意识到这家电信公司的高管成员根本不知道他们的客户会遭遇何种经历时，我邀请他们中的6个人在当地的一个大型会议中心会面。在该会议中心，我布置了一个一模一样的门店。

为尽可能准确地重现门店的日常客户体验，我把店内温度设为"宜人"的35℃，就像该公司每天设定的温度一样。在店外走廊，我安排了一个装备有机关枪的安保团队（在那个街区，持枪警戒的人

常识工作法

并不少见）；在店内，大约40名客户坐在一排老旧的椅子上，目光呆滞地盯着电视屏幕，看正在播放的公司商业信息广告。每隔30秒，一个时钟就会发出哔哔声，提醒排在队伍前面的客户，快轮到他们去柜台了。

在这个堪称地狱的地方待了两个小时之后，一名正等着开会的经理——满脸通红，大汗淋漓，疲惫不堪，而且看起来十分厌烦——声称他要回办公室。我告诉他这里是会议室，不能回办公室。他重新回到座位上，一脸的不高兴。不过，他好像第一次明白了一些事情。在接下来的两个小时，我和管理团队一起制作了一个图表，列出了电信员工在柜台搪塞客户的各种借口。"抱歉，我帮不了你。""我想这不是我的职责。""下周二再来，记得带上这个号。""这是我们的免费电话。""抱歉，这不是我们可以接受的有效身份证件。"

那名本打算离开的经理出离愤怒了。这次他有充分的理由，他和团队的其他成员终于理解了消费者的感受，以及同理心在商业环境中的重要性。

最让人诧异的是，大多数公司先前从未做过类似的事情。当然，它们会进行各种客户调查，会开展各种焦点小组访谈。但同那些真正购买和使用它们的产品或服务的人坐到一起，从他们的视角去了解这个世界意味着什么？答案当然是意味着一切。通过把员工和消费者联系在一起，公司的"肌肉记忆"就会弱化，进而转变心态，切实履行以客户为中心的理念。

比如，在我组织员工前往客户家中拜访之前，瑞士国际航空公司

第三章
与客户脱节

的所有人员（包括飞行员和机组成员）从未认真思考过乘客的真正需求是什么。飞行是他们的职责所在，他们接受的就是这种训练。对他们来说，这是从 A 点到 B 点最安全、最便捷，同时也是压力最小的旅行方式。鉴于内部人员享有额外津贴、票价折扣和特权，在瑞士国际航空公司，只有少数员工会遇上排长队登机的情况。至于飞机上有没有放随身行李的地方，或者飞机降落后能不能找到地面交通工具，这都不是他们所担心的。对他们来说，这些都不是事儿。

你所要做的就是去问客户，你需要知道的一切，他们都会告诉你。比如，我曾为中东一家商场的运营商提供咨询服务。在世界各地，女性从来都是商场最大的客户群体，那么，为什么女性不在这家商场购物呢？"为什么我们不去问问她们呢？"我说。哦，对，好的。

我们跟十几名女性购物者进行了面谈，她们表示了同样的担忧：她们觉得商场的电梯不安全，尤其是在晚上的时候；她们不喜欢停车场的布局设计，车位与车位之间的距离太近了，这让停车成了一项挑战。三个月后，商场管理层安排工作人员在所有电梯内安装了闭路电视，并将停车场的车位间距加大了一倍。女性逛商场的人数因此迅速上升。

这就是常识带来的价值，它并不仅仅源于管理层收集到的洞见，这种价值也向组织内的所有人传递出一个信号：如果高管团队愿意同客户面对面交流，那么说明公司在变革问题上是认真的。在启动公司转型项目时，你至少要了解这一点。

连续性可创造卓越

我累了,你也累了,为什么我们不去住酒店呢?

多切斯特精选酒店集团(Dorchester Collection)由分布在全球各地的9家豪华酒店组成。在洛杉矶,有贝弗利山酒店和贝尔艾尔酒店。在伦敦,有多切斯特酒店以及距离该酒店数百英尺远的公园巷45号酒店。在伦敦附近的阿斯科特,有科沃斯庄园酒店,这是一家由乔治王朝时期的庄园改建的酒店。顺便说一句,在哈里和梅根举行婚礼的前一夜,威廉王子和哈里王子就住在这里。在巴黎,有莫里斯酒店和雅典娜广场酒店。在罗马,有伊甸园酒店。在米兰,有萨维亚普瑞斯普酒店。

就在新冠疫情暴发前夕,这家连锁集团聘请我帮助他们制定套房差异化策略,以求在竞争中脱颖而出。而"套房"作为一个概念,在这个世界上早就失去了其原有的独特内涵。私下里讲,我的工作就是对这家连锁集团旗下9家酒店的员工进行再培训,让他们从客人的视角去了解这个世界。

说起来容易做起来难。酒店员工和有财力入住多切斯特精选酒店的客人之间有着巨大的经济差距。我们也没有理由期望房间清洁工或前台店员能够了解外国要人、全球企业家、科技界的亿万富豪或电影明星的需求,或者对他们的需求报以同理心。

"你们愿意人怎样待你们,你们也要怎样待人",如此简单的一个概念,为什么很多公司就理解不了呢?对于这种现象,我一直感到奇怪，但仔细想一想，或许也没有必要感到奇怪，因为作为消费者的最佳体验，也就是那些我们确确实实记在心里的体验，无一例外都是热心、体贴的员工提供了超越我们预期的服务。

我在贝弗利山酒店获得了非常棒的服务体验，就像在迪拜机场的那次体验一样。那天办理入住手续时，我刚得了感冒，眼睛流泪，声音嘶哑（但不是感染了新冠肺炎）。5分钟后，在打开房门的时候，我发现客房服务人员已经来过。床边放着一壶加有蜂蜜和柠檬的热茶，还有一张酒店总经理手写的便条，上面写着当地一名医生的名字和电话号码以及药房的联系方式，并表示如果需要药物，药房会提供配送服务。（这种特殊待遇并不仅仅是为我提供的，多切斯特精选酒店向来都是为客人提供超预期的服务。）为什么？因为如果员工处于我的位置，他们也希望能得到同样方式的对待。

为什么我们会非常清楚地记得这样的服务体验，因为它们太罕见了；当然，也可能是我们很少愿意公开寻求帮助。对包括酒店在内的大多数公司来说，它们受到众多制度、流程和程序的束缚，以至基于常识的服务成了例外，而不是常规。在高端酒店行业，酒店运营效率是按分钟计算的，有时候甚至是按秒计算的。当然，问题在于公司的制度、流程和程序，往往使员工无法了解他们的客户是谁以及客户需要何种服务。比如，我从未在哪家公司的运营手册上看到"丹麦客人可能感冒了"的字样，就像我从未想到一家酒店的员工会注意到我流泪的眼睛或嘶哑的嗓音一样（我很惊讶居然有人注意到了）。

但让我们想象一下，关心患感冒的客人是某个人的责任，那么，

常识工作法

这个人会是谁呢？门厅迎宾员？前台经理？前台工作人员？礼宾员？客房服务人员？运营团队？总经理？

除了让公司和客户保持距离，制度和程序还有另外一个缺点：它们会让公司日趋关注内部事务。在这个过程中，连续性也就丢失了。在好莱坞影片中，这种连续性（也就是连戏）是一个确保场景的最微小细节也保持不变的过程，即便这些场景的拍摄时间相隔了6个星期或6个月。在进入这个房间时，加里·格兰特穿的是这件衣服吗？他的领带系上了吗？那条狗还在火堆旁睡觉吗？如果没有，它去了哪里？连续性可以创造永不间断的卓越服务。

在酒店（或任何公司），员工的角色并不仅仅是履行他们的职能，而且还要跟其他所有部门密切合作，共同创造一种连续性。我知道说比做容易，而今天我想说的是，大约95%的公司已经忘记了这个简单却又至关重要的洞见。一致性和连续性可以建立信任。在这个充斥着虚假信息的世界里，如果说我们缺少了一样东西，那它就是信任。而事实上，信任往往是跟常识紧密联系在一起的。

一般来说，一家酒店会设置很多不同部门，但部门与部门之间缺乏应有的沟通和交流。员工的内部流动性很大，而且工作安排并不是每次都能严丝合缝地衔接到一起的。有的团队可能要上夜班，而另一个团队要到早上7点才会接班。如果一名夜班员工注意到有客人得了偏头痛，那么在早上7点交班的时候，他会记得告诉接班人员，以便跟进这件事吗？而且在一家酒店，各岗位之间的差别是非常大的。迎宾员、行李员和接待员等员工的收入，在很大程度上依赖于小费，后台员工和管理人员则不存在小费问题。此外，酒店还必须把各种不可预测的时段考虑在内，因为很多事情可能会挤到同一时间。比如，6 位客人同时到达或同时退房，或者 13 位客人同时要求送餐服务，但酒店厨房却只有两名员工。通常而言，一名酒店入住客人会与 75~125 名不等的员工存在间接互动，比如负责酒店预订的工作人员、客房服务工作人员和后勤服务人员等。一个如此精密而又如此庞杂的生态系统，需要各部门之间的密切协作，才能实现持续的无缝衔接。

由外及内，而非由内及外

重复一遍，在任何组织内，重建常识的首要步骤之一就是对员工进行培训教育，促使他们从外到内而不是从内到外看待这个世界。一个很好的方法就是让员工回忆他们遭遇过的最糟糕的酒店入住体验。我们都有这样的体验。

假设你刚从欧洲直飞到洛杉矶，会有 10~12 个小时的飞行时间。机上的两个卫生间出了故障；一个婴儿像金刚鹦鹉一样尖叫；每当飞行员通过广播介绍飞机左侧的风景时，你面前的屏幕画面就会卡住（你自然是坐在飞机右侧，就像每当巴黎、伦敦、伊利湖或落基山脉的美景出现在右侧时，你总是坐在左侧一样）。

在最终抵达酒店时，你整个人都已经快散架了。

你感受到了严重的时差反应，你觉得自己就像一只猛烈撞击在飘窗上的小鸟，晕头晕脑，目光呆滞，不想说话，心中暗涌着一股无名火，更不用说你还得上卫生间。在过去的几个小时里，你一直在想一件事：关上酒店房门的那一刻，立刻脱掉衣服，钻到被窝里好好睡一觉。

你保持着礼貌，跟前台接待人员进行交谈，她终于给了你房卡，然后一名戴着口罩的接待员带你去楼上房间。然后是更多的闲聊：这次飞行顺利吗？今天的天气可还好？这是您第一次入住我们酒店吗？接待员并不是一份轻松的工作，而正如前面所讲的，他的收入主要来自小费——但如果他现在就停止交谈并离开，你会在遗嘱中把他列入受益人。然而，他不会闭上嘴巴，也不会离开。

说真的，他的独白持续了整整 15 分钟。他先解释如何开房门、关房门，进而详细讲解门禁卡和卡槽的动力学原理，以及门禁卡插入卡槽后应停留的时间，等等。进入房间后，他跟你讲迷你冰箱以及里面的所有物品。他给你打开电视，然后关上，并向你演示如何通过遥控器连接网飞。至此，你的眼睛已经睁不开了，你无可奈何，一脸苦笑。更糟糕的是，你还急等着上卫生间。但你的大脑已经不听使唤，无法把这些要求转化成语言。

这名接待员还告诉你，客房服务部会对房间内的设施执行三重清洁标准。"看来这里非常卫生了。"你回应说，并希望他的讲解到此为止。但实际上，离他结束还差得远。现在，他的讲解转到了酒店获过奖的"枕头清单"以及 6 个枕头模型的羽毛填充物上。你心想，赶快用枕头把我闷死算了。等一等，你只是这么想想，还是真要说出

第三章
与客户脱节

来？你已经神志不清，无从知晓了。你只记得他现在站在保险箱旁，向你讲解如何设置密码。

你给了一大笔小费，想让他赶快离开，但这笔小费似乎给多了，你的慷慨引发了更多的对话火花。你知道我们酒店有一个获过奖的"从农场到餐桌"的餐厅吗？西红柿和红洋葱产自纳帕谷的有机农场，牛肉是从日本空运过来的，冰激凌是厨师亲手制作的。"嗨，我耽搁你太多时间了。"你说。你终于召唤出你从未有过的祖母般的转移视线的魅力。

在他走后，你插上门闩，踉踉跄跄地走进卫生间。从卫生间出来之后，你感觉好了一些。尽管不是好太多，但至少有了一点精神，你走到4楼窗户旁，发现楼下竟然还有一个绚丽多彩的花园。由于长途飞行没有呼吸到新鲜空气，你决定打开窗户。但它们打不开，无论如何也打不开，窗户上没有插销，甚至连窗台都没有。怎么会这样？在意识到难以抑制的怒火又一次到来时，你告诉自己现在可能需要先冲一个长时间的凉水澡。不幸的是，客房服务人员忘记把喷头调整到垂直位置了，一股冷水突然喷到你的脸上，淋湿了你的衣服，突如其来的水柱还差点让你摔倒。

门铃响起，你的行李到了。一名戴口罩的行李员走了进来。由于他不知道那名接待员已经跟你讲解了房间内的各种设施及其使用方法，所以他又从头讲起，告诉你如何接入付费电视频道，然后是迷你冰箱、保险箱，以及酒店获过奖的各种枕头的羽毛填充物。在他说完后，你给了他小费，他离开。现在，房间里只剩你一个人，而钱包也

常识工作法

空了。你脱掉衣服，钻到被子里，沉睡过去。

睡梦中，远离床头的闹钟充电器开始播放菲尔·柯林斯的《苏苏迪奥》(*Sussudio*)。上一次入住这个房间的客人一定是设置了下午4点40分的闹铃，而且很显然，客房服务人员忘记重置了。歌声高亢，你不知道按哪个按钮才可以让它停下来。求求谁能给我一个机会，给我一个提示。最终，你不得不从墙上拔掉电源，而跟插头一同掉下的，还有一些灰泥屑。

你再次入睡，但又被敲门声吵醒，是有人检查迷你冰箱。你又一次入睡，又一次被吵醒，是有人查房。（怎么回事？房间会四处移动吗？它会被偷走吗？）你再次睡下，再次被吵醒，是客房服务人员。你踮着脚走到门外，挂上"请勿打扰"的牌子，然后把门重重关上。你再一次睡着，电话铃声又一次响起，还是客房服务人员。他们注意到你在门上挂了"请勿打扰"的牌子，所以不再敲门，而是通过电话来烦扰你：您今天晚上需要夜床服务吗？

随着时间一天天过去，你的不满也越积越多。

比如，房间里有一杯你没有喝完但已经放了两天的红酒，客房服务人员不仅没有把它拿走，反而用某种白色褶边物遮住了杯口。纯粹是自欺欺人。他们这样做的目的是想表明，他们看见了这个杯子，但认定你还没有喝完，尽管里面的红酒看起来就像脱水的血液凝结物一样，而且还有一群果蝇沿着杯口嗡嗡作响。或许，你正在进行一项涉及果蝇和遗传学的重大理论实验呢？看在老天的分上，他们为什么不把那只该死的红酒杯收走呢？当然，如果放到50年前，如果服务人员把房间里喝剩下的没了汽的姜味汽水收拾走了，客人可能会发疯。因而，从酒店的角度来看，他们宁愿犯错，也要保持谨慎。为什么酒店的窗户打不开？或许也可以用类似的理由来解释。比如，早在1947年，曾经有一名客人试图爬上屋顶，为免遭法律诉讼，这家酒店把窗户都封住了。

酒店里那些拇指大小的瓶装洗发水和护发素，想必你也是知道的。为什么上面的文字那么小呢？除非戴上眼镜，否则你根本看不清上面写的是什么，但在洗澡的时候，谁会戴眼镜呢？

还记得入住的第一个夜晚吗？你没有把房间里的灯一个个关掉，而是直接拔掉了"总开关"。没有人告诉你这样做会导致所有插座断电。第二天早上你才发现，手机、平板电脑和笔记本电脑都没有充上电。

是谁想出了把卫生纸放到马桶右下方靠后约 2 英尺的地方的？是表演艺术家吗？是章鱼吗？要想拿到卫生纸，你得朝后伸胳膊，然后再扭转手腕，完全是反人类的设计，类似的动作只有在运动损伤视频中才能看到，而且这些视频还都附有警告字样：画面可能会引起部分观众不适。

是美国陆军工程兵团负责铺床吗？总之，你根本不可能以一种愉悦的心情钻到被子里面去。床单和被褥被拉得很紧，塞得也很紧，就好像是有人用喷胶枪把它们粘在了床垫上。往被子里钻的感觉，就好像是把自己塞入一个标准信封中。当你好不容易钻到被子里面后，你感觉自己就像是昆虫标本册中一只被固定住的蝴蝶标本。前天晚上，你用力把脚伸了出来，然后就听到了可怕的撕裂声，这让你惴惴不安，生怕把床弄坏了。

旅客遇到的这些典型问题凸显了常识的重要性，而多切斯特精选酒店涉及的常识问题却是他们从未真正考虑过的：当客人到达酒店时，他们的精神状态是什么样的？

答案当然是因人而异，但通常来说，在办理入住手续时，客人是疲惫不堪的，是有时差反应的。他们不想同前台接待员、客房服务员、行李员或其他任何人交谈，只想赶快到房间睡觉。这就是为什么在对世界各地的酒店员工进行培训时，我最先要求他们做的练习之一是模仿客人的感受。就多切斯特精选酒店而言，员工该如何优化从客人办理入住到离店的"消费者旅程"？他们不仅要想象消费者的体验，还要把自己带入消费者的体验之中，唯有如此，才能重新回归常识。几年前，我在五大信用卡公司之一做过一个实验，就很清楚地说明了这一点。

这家信用卡公司面临的（众多）客户服务问题之一就是客户非常厌恶它。他们在脸书和推特上分享了这种厌恶，并在网上对该公司做了极其负面的评价。这些评价如出一辙：该信用卡公司提供的客户服务堪称灾难。比如：客服电话等候时间漫长，看不到尽头；在你最终接通客服人员的电话时，她会把你从一个部门转到另一个部门，耗费你一个小时的时间；这家信用卡公司的高管对客户毫无同情之心，在他们看来，客户就是表格中的数字而已；在安抚客户情绪方面，他们最愿意做的事情是启动新的客户忠诚度计划。

了解到这些情况后，我想出了一个小实验。这需要保密，也需要一些跑腿工作，但如果成功了，那么该公司的高管可能就有了一个从客户角度看待这个世界的机会。我先在一家餐厅为高管团队预订了晚餐，当然我也会参加，但在此之前，我要求该公司反欺诈部门对他们老板的信用卡业务进行特别设定，确保在接下来的 24 个小时内无法使用。那天晚上，我们搭乘一辆出租车，直奔餐厅而去。

抵达餐厅时，同行的一位经理用信用卡支付打车费。当然，他的信用卡无法支付。于是，他给信用卡公司也就是他所供职的公司打电话，想弄清原因。漫长的等待之后，电话终于接通。话筒另一端传来的是语音助理机器人的女声语音提示："现在正处于服务高峰期。我们的客户服务代表正在接听其他来电。人工座席忙，请稍等。感谢您耐心等待。为了培训目的，您的电话可能会被录音。"然后，就像告诉傻孩子一样告诉你："您知道您也可以通过网络访问账户吗？只需输入 www……"

这位经理在等待，继续等待，电话另一端传来帮助打发时间的录音音乐。语音助理机器人就会时不时地提示说："我们非常重视您的来电。请不要挂机。"然后，令人讨厌的音乐再次响起。在某个时刻，这个可怜的家伙被提示按 9，然后按 5，再按 7。15 分钟又过去了。在挂断电话时，他的心情看起来糟透了。他一次又一次地表示，他是多么厌恶这家信用卡公司。"你觉得通过忠诚度计划可以改善这种情况吗？"我问。"你一定是疯了。"他说。至此，我告诉他这是我设的一个局。

常识工作法

在那一刻，他的表情说明了一切。他能理解客户所经历的痛苦的唯一方式，就是亲身体验那种痛苦。在这方面，10年的现场报告、无穷无尽的统计数据以及各种焦点小组都未对他产生过影响。如今，他终于能和那些使用他们公司产品和服务的人产生共情了。

那天晚上，我们用剩余时间分析了公司的客户数据。在该公司所有信用卡客户中，每年有类似经历的人占比达23%，如信用卡遗失、被窃或被黑客盗刷，欺诈性收费，身份盗窃，申请办理信用卡被无理由拒绝，等等。几个月后，该信用卡公司对照客户需求，对客户服务部进行了全面整改。

当然，在某些情况下，你是无法亲身体验客户的痛苦的，你只能去想象。现在，假如你是我的朋友李，你会有什么感觉？自孩提时代起，李就是一个梦游症患者。无论是在自己家、朋友家还是在酒店，他都会梦游。鉴于这种情况，对他来说，裸睡可能不是一个好主意。你应该明白了吧。几年前，李在西海岸一家新开的特色酒店预订了房间。这家酒店装有玻璃电梯、玻璃围栏……总之，一切都是玻璃的。入住酒店后，在夜间某个时候，李进入无意识的梦游状态，打开房间门，走到了走廊上。

他身后的门"咔嗒"一声关上了，他被锁在了门外。就在这时，李突然从梦游中清醒过来，时间是凌晨3点10分。走廊里没有电话，而他自己的手机则在房间里充电。此时此刻，他赤身裸体，在别无选择的情况下，他只好进入玻璃电梯，并按下通往大厅的按钮。在电梯门打开时，他把头伸出去，然后发出嘘声。但没有回应。李再次发出嘘声，最终，前台的一名工作人员抬起了头，看到电梯门伸出一个男性的脑袋。

在走过去了解情况时，这名工作人员看到李蜷缩在电梯一角，双手捂着自己的下身，就像文艺复兴时期亚当和夏娃的画像一样。李向他解释了所发生的一切，表示自己被锁在了门外，并请工作人员给他一把备用钥匙。"对不起，"该工作人员说，"我不能给你备用钥匙，除非你有能证明身份的证件，比如驾照或护照等。""但现在我身上没有任何身份证件。"李说。"对不起，"该工作人员说，"这是酒店的严格规定。"

在经过一番激烈争论之后，李借用了一条浴巾，并在该工作人员以及一名安保人员的陪同下回到楼上。安保人员打开了房间门。在他们两个人的陪同注视下，李打开保险箱，取出护照。这是能够证明他身份的证件。是的，他就是他说的那个人。事实上，现在的李已毫无秘密可言，整个酒店无人不知。

不切实际的 KPI

当下，"不可抗力"这个词已经不太常见了。"不可抗力"有时也被称为"天灾"，是指无法预见的情况或事件阻止了原定事情的发生。突如其来的新冠疫情、导致你赶不上派对的公寓火灾，或者让你无法出门上班的暴风雪，这些都是现实生活中的"不可抗力"。在为国际航运巨头马士基提供服务之初，我对"不可抗力"这个概念也是一知半解。

除了乐高，马士基可能是丹麦历史上最知名、最受人尊敬和最成功的公司。成立于 1904 年、总部设在哥本哈根的马士基是世界上最大的集装箱运输公司（按船队规模或按货运能力划分），全球运营网络遍及 121 个国家和地区的 343 个港口。在某种程度上，可以说是马士基发明了现代航运业。如今，全球多达 1/5 的货物是由马士基公司运输的。平均而言，每艘马士基轮船可装运 18000 个 20 英尺（约 6 米）长的集装箱，承载超过 15 万吨的物资。它们可能是 8000 辆宝马汽车，或数百万双（件）耐克鞋、短裤和背心，可能是下个月在尼日利亚销售的各种花卉，也可能是数千吨的药品、谷物或杀虫剂。

我很快就发现，作为一个多世纪以来全球最大的航运公司，马士基是一家极其理性的左脑型公司。它的 IT 系统非常先进，这一点也不让人觉得奇怪。

那么，为什么这家公司要找我？我又该如何帮助它改善企业文化和业务呢？

首先讲清一点，航运及运输物流是这个世界上最古老的商业行业。自 20 世纪初以来，它的系统、实践和运营就一直保持着良好状态。你见过运输船舶上那些巨大的集装箱吗？马士基发明的。但是几十年过去了，马士基也已经成了一家上市公司，股东的压力促使公司从方方面面加大业务优化力度。不出意料，马士基开始重点关注即将发布的季报。在股价出现下跌之前，一切都是令人满意的；但随着股价的下跌，各部门之间开始相互指责。与此同时，员工在能否完成关键绩效指标上也显得忧心忡忡。马士基知道它必须要做出改变了，但同时，它又对做出改变后可能发生的事情感到担心。

以客户为中心的业务应该围绕客户的需求而不是公司的需求来设计。要把这个至关重要的观点灌输到一家拥有 88000 名员工的公司中，最好的方法是什么？在这样一家规模庞大的组织内，从细微处着手是很重要的。基于此，我把工作重点放到了客户服务的改善上，并挑选了马士基的三个关键市场——中国、印度和德国。如果我们能够一举扭转这三个国家市场的局面，那么公司高层就会知道我们已经步入正轨。

我和同事飞往上海，与马士基呼叫中心的员工进行面谈。没有人真正知道为什么马士基的客户满意度低于应有水平。当地员工告诉我，他们立足本职工作，尽自己最大的努力服务客户和公司。我找了一个座位，戴上耳机，然后在译员的帮助下，开始接听一个又一个客户来电。

起初，一切看起来都很正常。客户打电话投诉或描述他们所处的困境，得知问题后，呼叫中心的员工会尽心尽力解决，如果解决不了，他们会将电话转接到相关的部门。表面上的确看不出有什么不正常的地方，但在对呼叫中心的数据进行分析之后，我发现客户来电的次数非常多，频率也非常高，而且很多来电都被归入了"不可抗力"的类别。这让我感到吃惊。我在想：为什么这么多的远洋航运问题是由"神的干预"造成的？是海神波塞冬吗？几天之后，我发现"不可

常识工作法

抗力"与所谓的"复仇之神"并无太大关联；相反，主要问题出在公司设定的不切实际的关键绩效指标上。

你一看就明白了：当马士基呼叫中心的员工点击"不可抗力"按钮时，他们只需要填写一页备注，但除此之外的其他所有问题或投诉则需要填写四五页的备注。一分钟大概可以填写一页，而多填一页，就意味着多耗费一分钟的时间。累计起来，这个时间就多得惊人。简而言之，点击"不可抗力"会给他们节省时间。

为什么会出现这种情况呢？简单来说，原因有二：一是部门各自为政，彼此之间缺少沟通；二是关键绩效指标的考核。马士基呼叫中心的绩效和生产率不是用最先进的客户服务来衡量的，而是建立在一个单一指标上——时间。这就解释了呼叫中心员工近乎疯狂的生产率。他们能以多快的速度解决来电者的问题，是提高生产率的关键。

面对部门关键绩效指标的考核压力，员工除了选择点击"不可抗力"按钮，还会采用另外一招——点击"盲转"按钮。比如，马士基最主要的竞争对手之一，就在呼叫中心设置了这样的按钮，它可以归入"反客户服务"的类别中，是一种真正意义上的"消极对抗"。"盲转"按钮是应对客户的方法之一：对于客户在电话中提出的问题，如果你不知道如何解决或者你对来电者感到厌烦，认为这人太啰唆，那么便可以按"盲转"按钮。这是规避问题的方法。按下"盲转"按钮，来电者的电话就会被随机转接到公司的另一个人或另一个部门那里，比如销售、营销、运营或 IT 部门等。很快，客户就会发现接听电话的人完全不知道他的问题是什么，也不知道如何给予回应。我禁不住想："盲转"按钮是不是为折磨客户而设置的？事实上，这种情况在其他行业也广泛存在。

几个月后，常识重新建立起来。马士基管理层改变了呼叫中心的考核标准，采取了以实现客户真正满意为导向的关键绩效指标，如可靠性、问题解决方案和服务质量等。诚然，这都是一些不起眼的小变化，但正是这些小变化，让马士基呼叫中心的客户满意度提升了近一倍。这种情况下，我觉得客户不太可能会转投马士基的竞争对手，尽管这个竞争名单越来越长。

但就常识而言，"盲转"按钮的赢家是谁？公司？消费者？真的有赢家吗？

花时间和客户交谈

正如前面提到的，在常识方面，提升客户体验的积极改变是很容易做出的。至于方法，对所有公司来说都一样，那就是花时间和自己的客户交谈。

举例说明。为什么凯茜·琦丝敦的钱包在英国卖得很好，但在该公司第二大市场——亚洲市场的销量却不佳？我就这个问题问了十几名日本消费者，很快就找到了答案。

在西方，钱包款式是可以预测的，尺寸大致统一，要有隔层，可以容纳各种形式的身份证件、借记卡、信用卡、会员卡、图书馆卡或名片等。这些卡的尺寸也是相对统一的，所以钱包生产商据此设计产品就可以了。那么，为什么凯茜·琦丝敦的钱包在亚洲市场卖不出去呢？总体而言，日本人在钱包里装的卡，比西方人装得多。另外，日本的各种卡在尺寸上也普遍小于西方的卡，而且大小不均。简而言之，这就是一个适不适合的问题。且不说大多数日本人都会随身携带很多卡，单是日本的卡，就有一半会因尺寸过大或过小而无法装入凯茜·琦丝敦的钱包。

事后来看，该公司难道不应该在亚洲市场推出钱包之前就注意到这一点吗？为什么该公司不密切关注自己门店的情况呢？让我们来解释一下：如果带着女儿购物的妇女是凯茜·琦丝敦的最大客户群体，那么为什么门店里的展示模特都是三四十岁的女性？如果在女性展示模特旁边，再摆上一个小女孩展示模特，并配以更年轻的服饰，效果岂不是更好？对很多女性来说，母女在一起的形象就是理想家庭的写照。在这个家庭中，两个人穿着相似的衣服，从不争吵，无话不谈——不管现实如何，我们都知道时装主打的是一种理念。另外，这种形象也寓意母亲可以把自己的传统和品位传递给下一代。鉴于此，门店经理在女性展示模特旁边摆上了小女孩展示模特，很快，凯茜·琦丝敦的童装销量就开始大幅上升。

最后再讲同样重要的一点，在凯茜·琦丝敦门店购物的女性，经常发现她们要买的东西过多，以至两只手拿不过来。在这种情况下，她们会把其中一些物品放回货架。我建议凯茜·琦丝敦提供购物篮。此举立竿见影，提升了公司旗下各门店的利润。但是，那些经常陪伴

第三章
与客户脱节

妻子或女友购物的男性顾客,该怎么办呢?要知道,他们大多数时候是不愿意逛商店的。让一个伴侣耐心等待是很难的,尤其是在凯茜·琦丝敦这种专为女性服务的门店。为此,我们为男性顾客创设了"专座"。在女性顾客购物期间,一同前来的男性可以在那些座位上休息,无论是成年男性、十几岁的男孩子还是其他任何年龄段的男性。这也许不是什么大事,但对顾客来说,无疑开启了一次更愉快的购物之旅。同样,这也只是一点点常识的应用。

第四章

政治：无形的束缚

我第一份真正意义上的工作是在一家广告公司，它位于丹麦的乡村小镇斯基沃。那时的我不仅年轻，充满活力，还有着各种各样的理想和信念。那时的我也很幼稚，当然幼稚的人从来都不认为自己幼稚，而这只会进一步强化自己的幼稚。我记得大多数时候我都充满干劲、雄心勃勃。我还得到过该公司首席执行官的评价，称我是他年轻时的高强版本——如果我没有记错。

入职几个月之后，我觉得我已经在公司立稳脚跟。我也是帮派的一员，而对于幕后真正发生的事情，我却毫不知情。

我有一位年龄稍长的女同事，她是高级艺术总监。她的办公室就在我的隔壁，她和公司的一名男性高级顾问是密友，后者50多岁，他的办公室在走廊的那头。我经常看到他们俩聊天或吃完午餐一起回办公室。两个人也谈不上什么浪漫，只是在同一家公司工作久了，作为同事相互照顾而已。但后来的事实证明，我想简单了。

在大约入职九个月的时候，有一天上午我跟往常一样早早赶到公司。那名高级艺术总监的办公室的门是关着的。这多少让人感到奇怪，但随着时间一点点过去，更奇怪的事情发生了。我看到很多人进出她的办公室，其中大多是我所在部门的同事。后来，我问其中一个人到底发生了什么。"我去那里是因为你的事情。"她说，"她问了我很多问题。"

我？关于我的？我做错什么事情了吗？如果有，是什么？为什么会有人费心费力找我同事问我的事情。一个同事怯怯地告诉我，她明显感觉这位高级艺术总监不喜欢我。好吧，她讨厌我。她好像要组建一个联盟，把我从公司里赶出去。

"但他们不能那样做！"我说。我觉得受到了伤害，我感到困惑，而重要的是，我心中充满了怒火。"他们"会那样做吗？"他们"是谁？而在那之前，我觉得我做的每一件事都是对的。上学，成绩好，刻苦学习，论文和考试都得高分，12岁时开了自己的广告公司，到公司上班，没日没夜工作，遵守任何值得遵守的规则，并挑战任何让人觉得陈旧或愚蠢的规则。现在同事告诉我的这些事情，显然不符合我以往的经历。

但这一切都是真实的。后来证实，那名高级艺术总监煽动了一小批人，开始针对我进行诽谤和造谣。她的目标就是说服尽可能多的人，联手让公司解雇我，好保护她那位高级顾问密友的职位。

事实上，我从来都没有想过哪一天要取代他的位置。我是不是太盲目、太不理性了，以至没有意识到如果继续这样工作下去，我可能会成为他的接替者？这是我第一次遭遇办公室政治，但不是最后一次。几年后，奇怪的事情又发生了，只不过这次的情况跟上一次恰恰相反。那时，我服务于一家全球性广告公司——天联广告（BBDO）。我有一名助理，年龄比我大一些。有一天下午，我经过她的办公桌时，禁不住看了一眼她的计算机保护屏，一只快乐、无忧无虑的小宝贝熊在没有星星的天空中跳来跳去。多可爱啊！然后，我注意到这只小宝贝熊的右脚踝上缠着链球。"这是什么？"我指着屏幕问。助理很随意地回答："哦，这是我在为你工作。"

这多少引起了我的注意。在工作上，我从未觉得我是一个要求严苛或不近人情的人、一个剥夺了小宝贝熊的快乐的人。作为老板，我真的给人带去那么多痛苦吗？不知不觉中，我建立起了自己的小政治圈子。

办公室政治

当我指责办公室政治推波助澜，侵蚀工作场所的常识时，我说的是一种更微妙、更模糊、更难以理解的东西。正如我的经历所表明的，办公室政治常常是在不知不觉中形成和发展的，并在你毫无觉察的情况下破坏公司的人际关系和生产率。

无论何时，只要地位、权力、野心和竞争结合到一起，政治就会滋生。这是人的本性、动物的本性。政治在商界盛行，就和在中学时一样。在办公室政治猖獗的公司，管理层和员工会过于关注自己的部门、层级和度量标准，从而忽视了自身之外的所有事物，包括他们的客户。事实上，理解组织内政治的最佳方式，或许就是想象一场非常规的国际象棋对弈。

我们来设想一场国际象棋对弈：棋盘摆中间，对弈双方各坐一边。一开始，一切看起来都很正常。棋盘上共有 36 枚黑白棋子，双方各执 16 枚。玩过国际象棋的人都知道，对弈的目标是一方通过策略性的移动组合（移动兵、车、象和马等），让对方的王无路可走，将其将死，也就是说，诱骗、挫败或压制对方的王。按照规则，有的棋子可以走一格，有的可以走两格，有的还可以走对角线。搞办公室政治就像是下国际象棋，但最根本的区别就在于你的对手决定篡改规则。他把所有棋子伪装起来，这意味着一切都跟表面上看到的不一样。后看起来像象，马看起来像后，兵和车已经对换了位置。规则已不再适用。你要移动一格、两格，还是走对角线？是王掌舵吗？是象发号施令吗？后扮演什么角色？

要搞清一个组织的真正负责人，情况大致如此。这就是为什么开始为一家公司服务时，我做的第一件事就是和员工面谈。

除了正式的组织结构图，企业还有非正式的组织结构图，它能真正揭示公司正在发生的事情。相关研究也证实了这一点。比如，一家军需厂接到一份合同，需要员工将生产量提高到每天 50 台。为此，公司安排了工程师，招聘了新员工，任命了新的工厂经理，并扩大了生产线。但这并没有带来变化。工厂日产量卡在了 35 台上。于是，公司从外面聘请了一名工程师，看看到底是什么原因导致产量提不上去。[1]

常识工作法

这名工程师并没有忙着去测量各种指标,而是闲逛、观察、记录,甚至和员工一起外出喝酒。很快他就了解到,不管"正式"的组织结构图什么样,公司的真正大权实际掌握在一位备受尊敬、有权有势,而且还有些让人感到害怕的女性手中。由于不满公司管理层对待她的方式,同时也出于对工人高度保护的考虑,她控制了生产速度,没有让工厂的日产量增加到 50 台。这名外聘工程师坐下来跟她面谈,倾听她的诉求,并解释了新合同会给员工带来的好处。不久之后,工厂的日产量就上去了,而且有时候还会超额完成目标。

再看一看北电网络(加拿大著名电信设备供应商)。在迅速扩张的过程中,这家大型电信公司在各个层级招聘了大量新员工,这些员工对公司正式的组织结构图了如指掌。但那又怎样?问题是没有人有能力或有权做决定。结果就是,尽管业务增长了,但公司逐渐陷入泥潭。就这样,北电网络一步步输给了更敏捷灵活的竞争对手,最终只能申请破产。北电网络的那些新人根本不明白,非正式的组织结构图才是他们应该关注的重点。[2]

想一想你所在的公司,内部是不是也存在各种潜规则或不成文的规则?你要不要在周末加班?要不要在每周五的例会上露面?即使没有人明确要求,但如果你拒绝了,那么每个人都会认为你缺乏团队精神。你应该开什么牌子的车?你不应该戴什么牌子的表——因为老板戴的那块表很便宜?人力资源部是不是手握大权,尽管没有人公开讨论或承认这一点?

了解了这一切之后,我通常会跟组织内各个层级的人员进行面谈。在这些典型样本中，有高管、中层管理人员、普通员工、实习生、前台接待人员，有时还包括保洁人员。我会绘制他们的电子邮件和电话流程图。在征得员工同意的情况下，我甚至还会研究他们在 WhatsApp 社交应用上的信息链。在 WhatsApp 上，有时我会发现某个部门中的某个小组跟另一个小组交流频繁，但这两个小组之间并不存在明显的关联关系，至少从组织结构图上看是这样的。如果你在公司遇到了问题，你会去找谁？我问员工。公司的创意会在哪里被扼杀？公司里的哪 5 个人会真正给你的生活带来影响？

比如，我可能会发现，公司首席执行官在人事决策上都听从人力资源部主管的意见和建议；公司的运营主管是一个麻烦制造者，只知道争权夺利，阻止合作，并暗中诋毁同事；或者，是那个在 4 楼法务部工作的脾气乖戾的家伙扼杀了所有的咨询项目。我也听到一些积极的信息，比如，有三名员工善于推动工作落地，擅长以创新思维解决任何问题。（每当我同首席执行官分享这些信息时，他们的反应通常是："天哪，我花了一年时间才搞明白。"）

在 2008 年经济衰退后，沃伦·巴菲特曾说过："只有当潮水退去时，你才会发现谁在裸泳。"[3] 当一家公司非正式的组织结构图被公开时，也会发生类似的情况。你会突然发现，这并不仅仅是一张平静的海洋明信片，其背后还有潮汐池、沙洲、海草和各种奇形怪状的水下生物。你会注意到浮标上的锈迹、被淹没的双桅帆船的船壳，以及轻轻松松就能把员工拖入大海的激流。

谁是组织内最诡秘的政治玩家？在好莱坞影片中，最诡秘的政治玩家通常是一些野心勃勃的年轻员工，他们灵魂堕落，为爬到职业巅峰而不择手段。在影片结尾，他们孤零零地站在空旷而硕大的办公室玻璃窗前，凝望着下面的城市风景。"这一切都值得吗？我是一个没有朋友的骗子，是一个反社会的自恋狂。"（坐在电影院里，许多观众想："是的，完全值得。"但走出电影院，他们却跟同伴耳语说："这个结局太可怕了，那个人该有多么孤独。"）幸运的是，我在现实生活中从未遇到过那样的人；相反，公司里有无数善良的、聪明的、富有同情心的好人——事实上，大多数人都是这样的。但把他们聚到一起，你很可能会发现，你的企业已经开始朝着国会方向发展了。以下是一些警示信号。

层级设置过多

世界上最成功的公司设置的报告层级最少，也许是3个，最多4个。有的公司设置多达12个报告层级（我还见过一家公司设有18个报告层级），而在这样的公司，办公室政治问题自然会增多，工作量也将不可避免地增加。按每多一个报告层级工作量增加10%计算，如果有5个报告层级，那么工作量就相当于在增加了10%的基础上再增加10%，以此类推。在有些公司，大约60%的工作时间浪费在了各层级的报告上，严重压制甚至扼杀了员工的实际生产率。

地域分布过广

假设你的公司在纽约、洛杉矶、阿姆斯特丹、伦敦、新加坡、孟买和失落的大陆亚特兰蒂斯设有办公室，那么这意味着在做生意的同时，你还极有可能遇到语言以及与教育相关的问题。你会遇到不同的文化和不同的参照系，还会遇到时区问题和资历问题。另外，当你同5000英里（约8000千米）外的办公室同事沟通时，通常会用到即时通信软件Skype。你可以想象在此过程中产生的众多困扰，其中大多数都是无法解决的。

在人与人的沟通中，语言可能是最重要也最容易引发纷争的因素。在一个组织内，全体员工就好比一个部落，成员流利地使用由各种缩写词和缩略词组成的语言及词汇，而对大多数外人来说，他们根本搞不清楚这些语言及词汇的含义。要么加入"我们"，要么加入"他们"；要么成为群体的一员，要么就被排挤在外。就一个在世界各地设有办公室的全球性组织而言，怎样才有可能创造超越地区分支机构的共同语言呢？共同语言是公司与公司的真正区别所在，而很多公司在这方面都存在缺陷。

表里不一的老板

我在前面写过，大多数领导者会告诉你，他们公司存在的常识性问题是最少的。同样，他们也会告诉你，一旦他们下定决心，就会坚持到底，决不改变。然而，在这方面，员工往往会持有不同看法，并发誓领导者的影响无处不在。这是因为，领导者通常会给员工做决定的自由，而员工最终却只会按照老板的意愿去做事。

员工队伍同质化

我明白了，如果你的公司跟马士基一样，你最不愿意做的事情就是招募陶瓷艺术家和说唱诗人；相反，你会把关注重点放到那些极为擅长左脑思维的员工身上。以面试题刁钻而闻名的谷歌也是如此。直到最近，谷歌的面试题中还包括这种题："模拟雨滴降落在人行道上的场景（人行道一米，雨滴一厘米）。人行道地面全湿需要多长时间？"[4]当然，还有比较容易回答的问题："你认为美国人每年要剪多少次头发？"

不过，我基本可以向你保证，在员工同质化的公司，十之八九不会存在办公室政治问题。即便内部缺乏常识和同理心，人和人之间的关系也会相处得很好。任何破坏性活动的发生，都会引发公司内部的抗拒，外来入侵者会受到抵制，就好比触发了人的免疫系统。如此一来，办公室政治就像灰尘一样把组织笼罩起来。坏消息是，在当今世界，破坏性活动在各公司的议程上都属常见现象，不可避免。

部门孤岛和关键绩效指标

现在，我们来看一下关键绩效指标和企业常识。

第四章
政治：无形的束缚

一般来说，公司会设立50~150个关键绩效指标。请忘掉"总和总是大于部分"这个振奋人心的理念。关键绩效指标的疯狂增加，意味着现在很多组织都是由独立的部分组成的。我见过许许多多的公司，其关键绩效指标中包括"以客户为中心""客户满意度"，这些都是非常现实的指标，但仔细观察之后我发现，这些指标仅占公司1%或2%的专注力。一家公司怎么能以2%的专注力服务客户呢？换句话讲，每年只有三天是以客户为中心的！

更糟糕的是，关键绩效指标的广泛扩散往往还会产生一个非常不利的后果：员工和各自为政的部门会变得异常狭隘，以至没有人再从整体上考虑问题。比如，早年我曾为一家公司提供咨询服务，工作期间，几名老员工告诉我，在关键绩效指标大幅增加之前，他们知道他们所服务的每一名客户的名字，并为之感到自豪。但随着时间的推移，乔和艾琳变成了1129号客户和3094号客户。对那些无意中切断了与客户联系的公司来说，它们的名字就像它们本应该服务的客户的名字一样，成了无人关心的数字。

受华尔街需求的驱动，关键绩效指标现在已成为各类组织追求的"明确性"和"问责制"的代名词，因为投资者更关注下一季度的业绩表现而不是首席执行官的长期愿景。关键绩效指标的确给出了一种明确的衡量标准和责任关系，但这是以牺牲团队凝聚力和文化为代价的。结果就是，狭隘思维导致组织瘫痪，而这反过来又催生了更多的指标、替代指标、总结、报告和PPT演示。

就像任何障眼法一样，公司里的办公室政治也是常识的敌人。如

常识工作法

果公司动态和优先事项不明，不仅会给员工造成困惑，扰乱行政管理体系，而且不可避免地会导致公司将个人特权置于原则之上。组织会把关注重点转向内部事务。越是聚焦内部事务，公司对其自身的认识就越不客观，也更不明确。这就像是一种无形的束缚，很快，另外一种现实就会成为非正式的法则。在这种环境下，公司可以把一个完全非理性的决定假装成一个深思熟虑的决定。如此一来，常识也就被边缘化、弃之不顾了。

比如，在早年的职业生涯中，我经常乘坐北欧航空的商务舱。有一天，我照例搭乘该公司航班，但他们并没有像往常一样提供热餐，而是上了一份……空气。好吧，实际上是一小袋食品，但袋子里大部分是空气。当我问乘务员原因时，他告诉我北欧航空开展过一次全面调研，就航班是否提供热餐问题征询了1000多名乘客的意见，结果，大部分受访者表示不需要提供热餐。

常识去了哪里？在这个大多数航空公司都会为乘客提供椒盐脆饼干的世界里，谁会支持一项永久禁止乘客在航班上吃热餐的规定呢？这项"全面调查"是什么时候开展的？是一天中的哪个时间？受访者都喝醉了吗？我猜想，调研时可能采用了如下措辞：从哥本哈根飞斯德哥尔摩有两个选项，一是你可以节省500美元，但航班不提供热餐服务，二是航班提供热餐服务，但机票没有优惠，你是选择500美元的折扣还是一份热餐？这种被扭曲的、操纵性的调研既可以让公司避开那些费钱又费力的事情（比如航班热餐），又能执行公司的既定计划。与此同时，公司还会告诉乘客："我们听到了您的声音!"在这里,我想补充几句,那就是大型咨询公司擅长凭空捏造事实,或者只从一个角度看待这个世界。一个组织在聘请咨询公司之后,其最高管理层会提出一个假设,而在6个月之后发布的调研报告中,这个假设绝对会得到证实。对组织来说,这类似于购买验证服务。

无声的语言

你有没有过这样的经历:在同一个商人谈话时,他讲到一件事情,但你心里非常清楚,他说的是另外一件事。当然,在世界各地,人和人的委婉程度是不一样的。比如,荷兰人和丹麦人一向以坦率著称,而瑞典人则倾向于寻求共识。很多英国商人会说一些表示歉意的礼貌用语,但话语背后是公司隐匿的智囊团,藏着他们的真实想法和决定。在美国,坦率是不受欢迎的。美国商人不会直接表示他们不同意你的观点,也不会直接表示你的想法或策略非常糟糕且起不到任何作用,相反,他们会使用"外交辞令",比如"回推"和"反弹"等。你有没有注意到,在美国从没有人被开除过?他们是"下台",就像小精灵沿着阶梯逐级而下;或者是"被放走了",就像小孩子的气球飘过树林。他们会说,"考虑到你在这里的地位,我们决定换一个方向",让人觉得他们就像游客,最终选择了走海路而不是走主干道。

我们来看其他一些语句,但这些都与常识无关。

- **措辞**:我们先把这个想法放一放。

真实含义：我对你以及你这个愚蠢的想法不感兴趣，但我假装以后会重新考虑这个想法。别抱任何希望，也许我们俩都会忘了。

- **措辞**：把项目简介发给我。

真实含义：赶快走开。一旦你把愚蠢的想法写进 PPT，我就会有更多的数据和要点来证明把你踢走是正确的。即便我有时间，也不会看你的 PPT。

- **措辞**：好主意！让我们在现有的工作流程中实施 / 让我们在项目组中实施 / 让我们在现有委员会或下一届领导理事会中实施。

真实含义：我会把这个想法同 20 多个人在过去 7 年里搞的那个馊主意放到一起好好对比一下，我没有必要告诉你结果。

- **措辞**：如果泽奥支持，我也支持。

真实含义：我缺乏勇气。我如果支持你，可能会失败，我不要失败；泽奥如果支持，至少还有人陪着我失败。

- **措辞**：我们取消会议吧。你最常用的联系方式是什么？

真实含义：你有大麻烦了。

- **措辞**：不用打电话，给我发邮件好吗？

真实含义：你已经无可救药了。

- **措辞**：马丁，你必须要了解一些事情。你看，马丁，这说到底……

真实含义：马丁，我在交谈中每隔一两句就提一次你的名字。

第四章
政治：无形的束缚

马丁，我希望这听起来更有人情味一些，也更亲密一些。马丁，这其实上是一种委婉的表达方式，我想说的是我讨厌你的想法，马丁；我讨厌你，马丁；我甚至讨厌马丁这个名字，我不想再看到你了，马丁。

去政治化，引入常识

暂且抛开言不由衷的语言，公司办公室政治的真正根源是保密。在必然会导致公司失败的众多因素中，缺乏透明度可谓是罪魁祸首。

我服务过一家深陷财务泥潭的连锁超市。这家公司的保密程度到了近乎荒谬的地步。在我看来，这是毫无意义的。为什么它在各个方面都表现得如此极端呢？为什么它凡事都守口如瓶，甚至不允许总裁发表讲话，不允许员工在线上发布任何评论，而且在任何事情上都要签保密协议呢？难道还有人想从这样一家即将倒闭的超市里偷铝膜气球或者老火鸡肉吗？

于是，这家公司开始改变策略，放松管控，增加透明度。后来，这家公司的首席执行官承认，通过增加透明度，他学到了至关重要的两点：第一，同外界展开沟通，对外展示公司正在做的事情，这有助于吸引优秀人才；第二，透明度的普遍缺乏，最终会让员工陷入孤立状态。该公司采取的新的透明政策意味着，突然之间，每个人都愿意同超市形成合力，并把他们自己和成功联系在了一起。公司的这种开放性转变成了积极的、自我实现的预言。

除了增加透明度，在公司内去政治化以及将常识引入运营的最佳方式是什么？

公司摆脱破坏性政治的方法之一就是在犯了重大错误之后，要积极吸取教训，并从中走出来。我们来看一个例子。美国联合航空公司因一次广为人知的事件而屡遭抨击，但这个事件值得我们重新思考，原因有二：一是公司在该事件中展现出了糟糕的判断力，二是该事件在一定程度上帮助公司重建了常识。

2017年，在美国芝加哥奥黑尔国际机场，芝加哥航空管理局的安全人员强行将一名69岁的越南裔美国乘客（碰巧是一名医生）从一架预订客满的航班上带走。他完全是被安全人员拖下飞机的。事件的起因是，美联航的4名工作人员需要飞往某地，而由于航班超额预售，所以需要4名乘客放弃本次航班，然后搭乘下一次航班，而作为补偿，美联航提供代金券。但由于没有乘客自愿让座，于是美联航随机挑选了4名"非自愿取消航班"的乘客。但这家航空公司没有想到，现在人们喜欢拍照、拍视频，而手机拍下的画面可能会引发非常糟糕的结果。

在关于该事件的视频登上世界各地媒体24小时后，美联航首席执行官奥斯卡·穆尼奥斯发布了一份支持机组人员和公司的声明。他表示航班工作人员遵循了正确的程序，是那名乘客扰乱了秩序。航班上的其他乘客并不认同这种说辞，而视频内容也不支持这种说法。

48小时后，穆尼奥斯改变立场，发布了一份道歉声明。这位首席执行官最终失去了被广泛期待的升任公司董事长的机会，而那名遭受粗暴对待的乘客，则与美联航达成和解协议，不过具体金额没有披露。更重要的是，在新常识的驱动下，美联航的文化焕发新生。在该事件后，员工被赋予了更大的权限，而常识也得以重建。

在没有危机的情况下，增加透明度是消除办公室政治和重建公司常识的最佳方法。那些最优秀的公司都是一些值得信赖的公司，也是高情商的公司。对于保密，它们既不鼓励也不奖励。它们通常会建立多元化的员工队伍。在这类公司，领导者不怕招聘到比他们更聪明的人，也不怕提拔别人，更不会因此邀功。

为根除公司的办公室政治，同时强调常识的重要性，我推荐举办篝火活动。我们大多数人可能还记得小时候围坐在篝火旁的场景，那是一种触及我们每个感官的经历：篝火的热量，木柴的噼啪声，热狗和棉花糖的香气，朋友的笑声和窃窃私语声。亚拉巴马大学人类学家开展的一项研究发现，坐在篝火旁，人的血压会降低，而其他压力指标也会减缓。[5] 基本上来讲，坐在篝火旁的时间越长，我们就越放松。

当然，我不会真的在公司里生起一堆篝火；相反，在研讨会期间，我会关掉所有顶灯，只在房间中央位置放一些照明设备，比如一组蜡烛，或者一个篝火视频。在这样一个光线昏暗的空间里，没有人能看到别人的眼睛，而头衔、职位和薪水也都无关紧要了。员工开始交谈起来，他们往往会进入一种忘我状态，忘记这是办公楼的一间办公室，忘记明天以及后天的待办事项，忘记合规和法务问题，忘记各种规则和规范，他们变得……诚实起来。

我一点也不感到惊讶。据一项研究显示，篝火会产生一种所谓的"软魅力"，它会适度地吸引我们的注意力，同时让我们大脑得到休息。[6] 这就是大自然的"恢复理论"：大自然让我们大脑中始终活跃的、关键的那一部分放松下来，同时刺激到我们大脑中长期休眠的、开放的那一部分，并让它活动起来。

这些年来，我惊讶地发现，我服务过的很多公司都采纳了我的篝火理念，并把它变成了一种日常习惯。比如，在前面提到的那家连锁超市，现在管理团队已经在所有连锁店实施了篝火计划。每周五下午，20多名员工会聚到一起，共同讨论工作中的难题、客户投诉以及本周内客户提出的问题等。毫无疑问，在这种情况下，办公室政治的影响微乎其微。

同美国联合航空公司一样，跨国机构富国银行2016年也遇上了麻烦：由于创建虚假账户，这家银行解雇了5000多名工作人员，首席执行官离任，富国银行任命了新的董事会成员和高管。你可能认为事情到此就结束了，但实际上，这只是一个开始。富国银行的问题无处不在：它向客户收取了本不应该收取的抵押贷款费用，并强迫他们购买不必要的汽车保险甚至宠物保险；最近，一次计算机故障又导致许多客户被取消了房屋抵押赎回权。监管机构对富国银行进行了处罚。美国司法部、美国证券交易委员会以及相关机构也对它展开调查。如今，陷入增长停滞的富国银行正试图重新赢得客户（以及其他人）的信任。

虽然不能肯定，但我想富国银行的整体改革措施已经在内部引发了一种多米诺效应，强化了组织的免疫系统，并为组织重新注入了大剂量的常识和同理心。事后来看，这家银行做了它应该做的事情。它以渐进的方式推动组织结构调整，直至取得最大限度的成功，然后向世界宣布了这一成绩。富国银行在报纸上刊登大幅广告，向客户道歉并承诺解决问题；同时，它还表示将客户利益放在首位，并采取完全透明的运营政策。所有这些，客户听到了，员工也听到了。然而，只有时间才能证明，这种新的透明政策是否会恢复客户的信任，是否会消除办公室政治，是否会为组织重新建立起常识体系。

常识工作法

第五章

您被拒绝访问本章

几年前，我购买了一张希思罗机场快线的票。这是一条连接希思罗机场与伦敦帕丁顿车站的轨道交通线，全程运行18分钟。在站台上等车时，我注意到了一个从未见过的标示牌，上面写着：我们的团队有权利在免受言语攻击和身体虐待的环境中工作。这些行为在任何情况下都是不可容忍的。我们会跟进所有报告。

像这样的标语，如今在世界各地都能看到。我明白了，有个关心你的雇主真好。但身体虐待？在希思罗机场快线？偶尔会有人咒骂某个鲁莽的年轻员工，这我能理解，但是交通部门的员工怎么可能会面临身体虐待的危险呢？

我跟周围的人询问了一下，答案变得明晰起来。希思罗机场快线用少量自动售票机取代了十余名人工售票员。每隔20分钟左右，大约有100名乘客要排长队买票。其间，几乎每个人都紧盯着头顶上方的数字时钟，看下一趟列车的到达时间。

这还不是最糟糕的。乘客在售票机拿到票后，还要排一列长队，才能通过5个狭窄的旋转门中的一个进入站台。那些身体过于肥胖的、有残疾的或携带大件行李的乘客，则需要走专用通道。但据我了解，当天这条通道好像并没有人值班。每个人都匆匆忙忙，看起来狂躁而愤怒。他们说必须要赶上这趟列车，否则就会错过航班和转机……在这种情况下，我能想象希思罗机场快线的员工被乘客扔高跟鞋的场景。

毫无疑问，希思罗机场快线的零容忍政策是一种常识的反映，这是很好的常识。没有人会反对这种政策，特别是在疫情暴发之后。任何员工都不应该整天被陌生人呵斥，甚至被陌生人用鞋子砸。之所以说希思罗机场快线的零容忍政策是一种好的常识，是因为这背后存在一个根本无法让人理解的技术问题。

这就好比一个医生给你开了一种药，随后又给你开了另外一种药，但后者的作用只是为了减轻第一种药的副作用。为什么不停用这两种药物呢？省时又省事。在该案例中，为什么希思罗机场控股公司（希思罗机场快线的母公司）没有考虑到仅安装少量售票机和旋转门的后果呢？要知道，希思罗机场快线每天都有成千上万的客流，而在这些乘客中，很多都是游客和商务人士，他们的行李箱里装着足够一周用的物品。在这种情况下，让他们在售票机和旋转门前排成长队，自然会引发抱怨，因为头顶上方的那个数字时钟嘀嘀嗒嗒地响着，仿佛在提醒他们就要错过列车和航班。希思罗机场快线的零容忍政策值得称赞，甚至可以说是必要的，但是……就其在现实世界的应用而言，是不是有人遗忘了什么？

常识工作法

如果搭乘过美国国内的航班,你可能会想,那些航空公司是不是也忘掉了常识?

到达机场后,你看到登机口前面排着长长的队伍,于是加入其中。一点点向前挪动,终于在 20 分钟之后,你排到了队伍前面。但那些为你服务的票务人员去了哪里?在你面前的 6 个服务台中,只有一个服务台是人工服务,而这个工作人员看起来一脸的不耐烦,敷衍了事;他甚至没有正眼看你,他在看推特。另外一名戴着工牌的年轻的航空柜台人员向你做了个手势,示意你去一旁的机器上操作,而那台机器看起来就像是赌场的老虎机。你一脸迷惑,扫视着面前的机器和空荡荡的服务台。"是用机器吗,还是……"你问。"机器。"她说。

毕竟,这是一个数字世界。看,我们生活在一个多么有趣的时代!

那台机器根本不是老虎机,而是自动售票机。当你点击它的时候,屏幕就会亮起,并提示你出示护照或驾照。你尽量把护照弄平整,然后插入插槽。机器显示,你的证件无法读取。你取出护照,又试了一次。"我一定是哪里搞错了。"你想,然后喊那名工作人员过来帮忙。在她的操作下,机器终于正常工作了。

现在,机器提示你输入预约号。你的预约号是什么?你打印的旅游城(Travelocity,一家在线旅游服务商)的确认邮件放到哪里了?在一番手忙脚乱翻找之后,你终于在牛仔裤的后兜里找到了你的确认邮件!于是,你照着输入正确的号码,但为什么机器拒绝了呢?你再次输入，但结果还是一样。"抱歉，打扰一下，好像又出问题了。"你对那名工作人员说，而她此时正忙着帮助另一名乘客。在她走过来的时候，你发现你输入的是旅游城的号码，而不是预约号。不幸的是，当你输入预约号时，机器拒绝了。"太奇怪了。"她低语道。

5分钟后，她终于找到了原因，然后又飞奔着去帮助其他遇上麻烦的乘客。但事情并未就此结束。机器提示你是否有包裹需要安检，以及有几件包裹。你插入借记卡，等待机器处理，而手续费高达30美元。随后，机器提示你带上包裹，去柜台安检。

技术导致常识消失？

好了，好了，先暂停一下。在使用自动售票机的问题上，既然有如此多的乘客需要帮助，为什么最初还要安装呢？况且，很多人最后还是不得不前往人工柜台接受包裹安检，这是现代版的《偷拍记》（*Candid Camera*）吗？是谁想出来的这个流程？不管如何抱怨，你现在都得拖着行李箱去柜台。到柜台后，你终于找到了工作人员，他过来给你的行李贴上标签。谢天谢地！你拖着行李，开始朝安检口走去。这时，那名工作人员喊道："稍等！"显然，把你的行李箱放到他身后的传送带上，已经不再是他的工作了。这是你的工作！这就是你所享有的特别待遇！除了向航空公司支付原本免费的30美元手续费，你还得拖着行李箱，到500英尺（约150米）外的那个看起来就像是临时帐篷的自动售票机亭，押金在那里，所以你得从那里通过。这

常识工作法

时，你禁不住想，采用这些技术的意义何在？

"这套系统的设计并没有经过认真思考。"客户体验顾问伊恩·戈尔丁说，"在利用数字技术方面，它是完全失败的。如此简单的事情却被机场搞得如此复杂，甚至到了荒谬的程度。"

这是一个更严重问题的症状。

如果你写技术的负面影响，一定会让人觉得你脾气乖戾、思想陈旧或故意与技术脱节。为什么文化就不能回到以前那个时代的样子呢？比如，孩子在街上玩棍子球游戏的时代，青少年听唱片的时代，街坊邻里驻足交谈的时代，苍蝇拍为王的时代。如今，无论以任何方式批评技术，你都会被认为是一个老古董——人体留声机。基本上讲，你的观点无关紧要，没有人会听你说什么；即便有人听，也只会报以假笑。技术比任何一个人都重要，而无论你说什么，都改变不了任何事情。

那么，为什么我要冒着被人看作是一个执拗的老古董的风险，指责技术是导致常识消失的最大因素之一呢？

答案就是，原本旨在提升和改善生活的数字创新和数字加速器，在许多情况下却使我们的生活进一步复杂化，其复杂程度在很多时候都让你我处于受挫和愤怒的边缘。没有必要搞成这样。正如我的朋友、拼趣[①]及来福车（Lyft）董事会成员马克·汤普森所指出的："技术是一股凶猛的力量，监管步伐很难跟上它在市场的发展速度。手机、药品、汽车和建筑物，这些都会让我们的生活变得更加美好。更重

---

① Pinterest，以瀑布流形式展示图片内容的社交应用。——编者注

第五章
您被拒绝访问本章

要的是，我们要让技术为我们服务，而不是让我们沦为技术的奴隶。"

如今，我们在这两个极点之间来回穿梭。帕丁顿车站和美国机场的各种现代化机器清楚地表明了我们的焦虑。注意，我并不是说今天的哪家公司可以或者应该在没有技术的情况下生存下去，而新冠疫情的暴发也进一步凸显了技术的重要性。无视技术是不可能的，但有些企业为加快利用技术，不考虑实际情况便将它们引入工作流程，这实际上是对常识的挑衅。有时候，技术会让原本顺畅的服务体验变得异常复杂，最终导致客户陷入持续无助的境地，进而引发他们的愤怒。而当他们被迫接受这种现状并发现这种情况还将继续下去时，愤怒情绪只会加剧。

比如两年前，瑞士国际航空公司不遗余力地削减总部成本。他们聘请了一家供应商，后者表示可以帮助公司节省开支和能源。几个月后，瑞士国际航空公司总部的每一间办公室都安装了一套感应系统：如果传感器探测房间内没人，那么在10分钟之后，它就会自动关灯。试想，哪家公司不愿意节省电费，并通过节省能源来保护地球呢？但有一个问题，而且还是一个糟糕的问题：传感器经常会误判房间内无人和人员不动的情况。在会议进行到10分钟的时候，灯突然灭了，会议室内一片漆黑，伸手不见五指。这的确有点吓人，那种感觉就好像是世界末日，或者电网被黑客攻击了，或者室外的灌木丛里潜伏着歹徒。

慢慢地，公司员工习惯了这种异常状况，一旦熄灯，他们就会在黑暗中摸索，通过挥手或拍掌来重新恢复电力供应。每当遇到这种情

常识工作法

况，公司里的人都会一笑了之。问题是，没有人对此进行质疑。

再比如，每当公司里有人提起某个技术故障或某种挫折时，比如无线网络速度慢和 PPT 文件经常卡顿等，这个话题就会发酵。一个小时过后，几乎每个人都会加入讨论，表示自己也遇到过同样的问题。面对计算机宕机或服务器运行缓慢的情况，大多数员工都会抱持得过且过的态度。他们不认为自己有能力给公司带来任何变化，也不认为公司的规则会改变。对公司来说，它们花费大量时间用于提升成本效益，结果却扼杀了组织内 10% 的生产率，这着实令人错愕。

最近，我和一名同事在一家公司花了一周时间，把员工提到的内部技术问题都记录下来。24 小时后，笔记簿上的问题数量已经达到 67 个；一周结束时，坦白地讲，由于问题太多，我们都懒得记了。工作场所之外的世界亦是如此：晚餐迟到，因为谷歌地图把我导向了布法罗；我点的是意大利饺子，但应用推给我的却是意大利通心粉；我没有收到你的短信？你确定发送了吗？

最近，我跟一家大型公司的总裁约了一次晚餐。我和一位同事一同前往，同事开车，我负责指路。当时路上很堵，其间我们意识到可能要迟到几分钟。同事问我是不是先在电话里说明一下，表达一下歉意，并告诉他我们稍后就到。我照做了，至少我记得我是做了。"喂，蒂姆。"我发语音说，"这边路上实在太堵了。我是说速度非常慢。不过，我们很快就到，大概还要 15 分钟。"

当我们把车停到餐厅前时，我发现人行道上聚着一小群人，蒂姆也在其中；不仅是他，其他人看起来也是满脸忧虑。"你没事吧？"他问我。我一头雾水。"嗯，没事。"我说，"很抱歉我们迟到了，不过我给你发语音了，路上实在太堵了。"后来我才知道人行道的那些人为什么看起来那么窘迫。我给蒂姆的语音留言被转化成了文字。我那稍带重口音的丹麦式英语转换成了标准英语："喂，蒂姆，这边医院实在太堵了。我几乎被屠杀了。不过，有人很快就到，大概还要15分钟。"

这样的例子不胜枚举。原本你以为技术和常识会无缝衔接，但现在你发现它们总是背道而驰。换句话说，技术经常让我们抓狂，而在很多时候，这就是技术本身的问题。

被覆盖的直觉

看吧，公司需要最新的软件和技术工具，以保持竞争优势。然而，极少有公司会认真思考这个问题。比如，很多全球性公司认为，如果员工精诚合作，分享来之不易的胜利成果和战斗经验，就会形成共赢局面。但是，它们不会拿出时间为员工创造合作空间——蒂姆，这是朱迪；朱迪，认识一下蒂姆。相反，它们会投资协同软件，而且往往是大手笔，有的企业拥有多达10套协同软件系统！但几年之后，它们就会停用这些软件。企业表示，协同软件根本不起作用。没错，就是因为没有人花时间或利用他们的常识来分析原因。

为什么会出现这种情况？我来告诉你原因。大多数企业认为，一旦安装了软件，按下开关，事情就已经成为定局。这就像在新冠疫情期间，企业发现员工在家办公可以节省大量开支一样，但它们并没有考虑到员工被盘剥和被隔绝的感受，也没有考虑到"文化"这个概念实际上已经没有意义了。按照软件的描述，员工是会协同工作的，没有必要搞培训或搞试点，赶紧实施吧！但如果协同软件真像人们说的那么神奇，为什么还要购买额外的、价格高昂的安装启用咨询服务呢？几个月后，由于缺乏实施计划、后续行动或规范化使用培训，协同软件被束之高阁，最终落满灰尘。但事情并未就此结束。为解决员工面临的问题，另一个工作组又买了另外一套协同软件。说实话，这真的有意义吗？

我们继续来看。每次打开笔记本电脑时，我都会被另外一类常识问题困扰。

你有个人计算机吗？如果有，计算机上安装的是 Windows 操作系统吗？下面是我的几个问题。为什么我每次做 PPT 的时候，屏幕上的箭头指向都和我拖动的方向相反呢？改变屏幕的所有颜色，把整个顶部的窗格搞得乱七八糟，这是谁的主意？Windows 操作系统会让我在其所提供的十几个选项中"选择我最喜欢的图像"，而当我选择了一张鸟的图像时，为什么出来的却是一张猫的图像，这是要杀死我一向喜欢的鸟吗？为什么微软要求设置冗长难记的，而且还难以输入的密码呢？为什么每次遇到与 Windows 操作系统相关的问题时，我都要花上 45 分钟的时间才能找到微软的"帮助"按钮呢？为什么既有"搜索"按钮又有"查找"按钮呢，难道搜索不是查找吗，还是我太幼稚了？为什么我每次看到 Skype 或 Microsoft Office 办公软件更新时都会刻意避开，因为我知道如果点击"安装"按钮，我的笔记本电脑就会停工几十年（一种感觉），而到2060年重启时，Skype还无法进入，除非我先登录微软账户？（我是从什么时候开始有微软账户的？微软和Skype的账号是一样的吗？我想……现在它们是了。）为什么Zoom（云视频会议应用）会设置40分钟的时长限制？"40"这个数字意味着什么？

你的苹果手机有没有出现过没电的时候？苹果公司一度宣称其电池的待机时间可达250个小时，但它可能忘了，在待机模式下，手机是不工作的。另外，为什么创建联系人时，苹果手机还会给出一个住宅电话类别？要知道，在你认识的人里面，现在已经没有人使用固定电话了。

看起来像是我在挑微软和苹果的刺儿，但是事实并非如此，其他计算机也都存在类似问题。困扰我的并不仅仅是混乱的设计、多变的颜色、车道碎石般的密码，或是那些无聊的IT人员在公司内部做出的丝毫不考虑客户体验的决定，最大的问题在于，技术让我们背离了同理心，进而扼杀了我们的常识。在通过Skype或Zoom跟朋友聊天时，你有没有发现你经常是在"刷"照片墙（Instagram）或推特，或在浏览美国有线电视新闻网的头条新闻，抑或在看天气预报，只是时不时地插一句"嗯嗯""是的""绝对的"，就像是一些随机插入的书签？如此一来，你和朋友的对话也就谈不上什么同理心了。

想想看，和常识一样，在经过一个又一个世纪的演化之后，我们的直觉也已经成为人类基因中不可或缺的一部分。如果一头狮子出现在走廊，我们知道赶快躲起来，我们知道如何安抚哭泣的婴儿。但渐

常识工作法

渐地，而且几乎是在毫无抵抗的情况下，我们让技术和数据覆盖了人类无数个世纪积累起来的直觉。要知道，这种直觉是建立在一代又一代人的经验之上的，而在他们之中，有些人至少是和我们一样聪明的。

请快速回答：告诉我你能记住的所有电话号码，5个，3个，2个还是只有你自己的？不用谷歌地图，告诉我到另一个镇上的医院怎么走。你根本不知道那家医院在哪里，对吧？数据会告诉我们当地的泰国餐厅是否在营业，还会告诉我们一个陌生人给泰式炒粉打了几颗星，以及这个人是否又减掉了半颗星，因为在这个陌生人看来，那名服务员"不热情"。

今天是晴天还是雨天？只有你笔记本电脑上的数据知道，但我们大多数人都有过这样的经历：某天下午，窗外阳光明媚，人们穿着泳衣在沙滩上跑来跑去，我们看到的数据却是雨滴的图标。事实上，每次我朋友打算举办派对或其他活动时，他们都会不断查看天气预报。如果活动当天没有太阳，他们就会查看另一天的天气预报，一直查到有好天气为止。在某种程度上，技术让他们相信，只要他们足够努力地"挖掘"下去，就一定可以找到完美的天气，然后把这一天"保存"下来，确保每个人都玩得愉快。

长此以往，我们的大脑就只会走捷径，倾向于选择简单的、不完善的解决方案，同时也倾向于让别人替我们做决定。不妨停下来想一想，如果有人把我们依赖的这个支撑拿走了，会发生什么，而我们又该如何应对？

在世界范围内，数据的成倍增长已经引发了一个问题："知道"

某件事是什么意思？对人对事的本能反应、内心感应或直觉反应是什么意思？数据真的优于我们的情感、本能和直觉吗？当然不是，但我们已经出现这种倾向。如果数据与我们的直觉相悖，或者某个答案只能在网上找到，那么我们最终就会对自己的本能、直觉和敏感性失去信心。我们会觉得有些事情不需要自己知道，我们开始通过流程或系统来观察这个世界。是的，30年后计算机很有可能会赶上我们的直觉或至少接近我们的直觉，但目前还不行。

随着智能手机、平板电脑和笔记本电脑越来越主导我们的工作和个人生活，遵循常识和同理心的机会已经不再像以前那样经常出现了。我们被迫挤出所有的空余时间，将其投入到富有成效的事情中，而这进一步挤压了思考的空间或时间。先前，早餐时间或开车去机场的时间属于沉思默想的时间；如今，无论是早餐时间还是开车时间都变成了工作时间。计算机、平板电脑和手机需要时不时地清理碎片。如果我们从不关机、重启设备，它们的运行速度就会越来越慢，实际上人类的大脑也是如此。随着技术运用的大幅增加，我们的孤独感和自我满足感也不断上升，而与之相对的，同理心则直线下降。人类之所以能成为一个成功的物种，一个重要原因就是我们拥有常识，而现在，我们却选择丢弃常识。

常识正在被扼杀

虽然话不中听，但技术正在扼杀一家又一家公司的常识却是事实。在互联网出现之前，领导者会亲自面试应聘人员；如今，这类面试往往是通过Skype甚或人工智能软件进行的。这类软件全程主导面试，但它们更多的是基于应聘者的眼球转动、词语运用和语音中传递出的犹豫性而非语言反应来评估他们的技能。甚至在新冠疫情暴发之前，澳大利亚的几家大型银行就已经完全取消了线下面试——所有面试活动都在线上进行，并根据计算机的评估确定最终入围名单，而只有在签约时，应聘者才会和银行工作人员面对面交流。

正如我所看到的，我不认为人工智能将会在常识领域取得全面技术突破。我也无法想象，"我很忙"这个世界性的借口（很大程度上是由技术造成的）会成为很多公司和员工拒绝接纳常识的一个常见理由。

问问任何一个朋友或熟人：他们最近过得怎么样、最近过得好不好或者最近忙不忙，我敢保证他们会立即表示"很忙"，然后问："你呢？""是的，非常忙。"你回应说。无论是谈论工作还是私人生活，我们都难以抵制诱惑，巴不得告诉我们认识的每一个人：我们现在忙得不可开交。

为什么？因为忙碌才能证明我们的存在，至少我们也要装作忙碌的样子。与大多数词语相比，"忙碌"有着更多的隐含意义。忙，意味着我们是受欢迎的，是被需要的，是有价值的，是有技术专长的，甚至是可以同时处理多个项目的。你上次说你无所事事，有很多自由时间，或请了一天假是什么时候？几乎没有任何人会这么说！如果你这么说了，你的朋友或假装没有听到，或转移话题。可怜的家伙，没

第五章
您被拒绝访问本章

有工作，没有朋友，没有生活。

另外，技术还会强化一种感知，即我们在跟一刻都不停的时钟赛跑，如果由于某种原因导致我们无法超越当前这个时刻，那么我们很可能会被永远地抛在后面，而这种落后甚至是致命的。你有没有上过推特？在你随意浏览推文时，突然出现了新推文的提示。你心里一沉，要知道，你在半分钟前才刚刚打开推特，而现在就已经生活在过去了，所谓的"当下"已经跑到你前面了。技术给我们打了兴奋剂，我们拥有的每一分钟都需要优化：要学习，要浏览信息，要密切关注即将到来的任务，并对有可能发生的最糟糕的事情保持警惕。

这可能是我的凭空想象，也许只是传闻逸事，但如果注意观察，你会发现我们现在更常用短句；我们走路的速度也比10年前更快了；还有，在高速公路上开车时，我会发现很多车都驶入了超车道，而一般车道则留给了那些行动迟缓、吸食毒品、忙着发信息的人以及老年司机（他们可能还没有熟练掌握驾驶技术）。在这个技术时代，人类的大脑让我想到了机场和火车站上方的那些显示屏。就像大脑一样，这些屏幕上显示着时间、目的地或登机口（检票口）等信息，而这些信息处于持续不断的变动之中，突然之间全部消失，突然之间又全部闪现，原本位于顶部第一排的信息，现在出现在了第二排或第三排，然后继续变动，最终，就像你跟恋人四目相对一样，屏幕信息显示：你在37号登机口登机。

对大多数公司来说，它们最看重的是时间而不是长期思维。在这种情况下，你还会对公司内极其缺乏常识的现象感到奇怪吗？常识需要真正意义上的停顿和真正意义上的长远视角，它需要我们理解和承认他人的观点。但说实话，现在谁还有时间做这些事呢？

除了证明我们的存在，"忙碌"还会创造一种归属感。在任何一场 Zoom 会议开始之前，如果你有留意就会发现，他们的对话来自同一首歌曲的同一句歌词，而且这还是一首沉闷呆板的歌曲："吉姆，最近好吗？""忙，不过还活着。你呢，汤姆？""还那样。忙，实在太忙了。""好吧，吉姆，保持好心情，可别累坏身体。""你也是，汤姆，工作上别太拼了。"技术部门已经向我们发出了很多新信号来证明我们的行业：收件箱里电子邮件的数量，在线日历上安排的预约次数，以及我们收到的回复邮件的数量，等等。

忙碌带来的诸多问题之一是大脑混乱，进而导致我们效率低下。每个人都很忙，这已经成为一种全球性趋势。我们越忙，意味着属于自己的时间越少。我们抽不出时间来思考新的、富有想象力的点子，我们甚至连坐下来反省的时间都没有。

我们必然也没有时间考虑我们的工作、公司的发展方向或哪些部门可能存在常识欠缺的情况以及如何解决这些问题。

我看过加拿大市场营销专家保罗·拉尔夫进行的一项非正式实验。在发现周围的人总是在说自己很忙之后，拉尔夫及其妻子决定在接下来的一年里不再使用"忙碌"这个词。[1] 他们不说自己很忙，会对他们的行为乃至生活产生什么样的影响呢？

各种改变立竿见影。拉尔夫及其妻子开始更深入、更真实地跟朋友交往。他们没有觉得别人用异样的眼光看他们。他们更快乐、更自

第五章
您被拒绝访问本章

由，也更能控制自己所做的选择。拉尔夫写道："更重要的是，在放弃使用'忙碌'这个词时，我们注意到其他人也不说自己很忙了……所谓忙碌，就像是一个自我实现的预言。我们说得越多，我们的感受就越强烈；我们的感受越强烈，我们就越表现出忙碌的样子。"

归咎于技术本身

技术作为帮凶扼杀了常识，蚕食了人类的同理心，同时创造了一个恰似罗伯特·路易斯·史蒂文森200年前所描述的"以欠缺生命力为症状"的忙碌阶级。[2]同时，公司也将一些愚蠢而又让人抓狂的行为归咎于技术本身。我们来看一个缺乏常识的典型例子。

2019年，我在世界最大的食品和饮料公司之一做了两场演讲。这是一家很赚钱的公司，也是一家家喻户晓的公司，但为便于叙事，我们姑且称其为福达公司。我为这家公司提供了一些咨询服务，给财务发去了账目清单，然后等待他们付款，结果苦等不得。对于这件事，我最好还是从头讲起。

2019年2月22日，我们公司的首席财务官艾伦把三张付款单中的第一张给福达公司发了过去。转眼三个星期过去了。3月19日，福达公司团队联系我讨论未来的一项活动，并表示可能需要我参与其中。一个星期后，这项活动定了下来。很好，我想，这给人带来了希望，毕竟，如果你想请一个人来做主旨演讲，你还不得赶快把欠人家的钱还了吗？那样才好继续合作啊！但事情并没有朝着这个方向发展。令人遗憾的是，2月22日发给福达公司的那张付款单已经过去一个多月了，但始终没有回音。于是，艾伦礼貌性地给他们发了一封提示邮件。

事情似乎有了变化，因为一天后，福达公司就给艾伦回了邮件，请他再次确认是否是用美元支付相关款项，尽管那张付款清单上用加粗字体清楚表明应付款需用美元支付，这是明摆着的事情。艾伦表示确认。在这来来回回的交流过程中，福达公司提到在其系统中，我们公司被列为供应商，这或许可以解释一直没有付款的原因。

4月5日，也就是在第一张付款单发出近一个半月之后，福达公司就上次确定的由我参与的那项活动展开了再次讨论。同日，艾伦发出了第二张付款单。一个星期后，他又给福达公司发了一封提示邮件：第一张付款单的付款时间现在已经延迟一个多月了，福达公司能不能尽快把这笔款项支付了？4月24日，艾伦再次发送提示邮件：第一张付款单仍未支付，现在已经延迟两个月了，而第二张付款单的付款时间也已经延迟20天了。

福达公司给了回应，但仍没有付款。他们坚持表示，此前已经给我们发了电子邮件，告诉我们如何在他们的第三方支付系统上注册。好吧，我是收到过一些邮件，比如关于壮阳的、除臭虫的、除真菌的、除皱的、身体乳的，不一而足，我甚至还收到过一名俄罗斯女士的交友邮件，但我们公司的电子邮箱确实没有收到任何有关第三方支付系统的邮件。之后，福达公司转发了第三方供应商的注册链接给我们。

第五章
您被拒绝访问本章

这是一家全球电子票据公司，叫钨网（Tungsten Network）。

令人遗憾的是，钨网的注册链接显示无效。于是，艾伦联系钨网的支持团队，后者告诉他福达公司发来的链接确实是无效的。可能是从声音中听出了艾伦的焦急情绪，这个支持团队答应帮助我们通过另外一种方式注册。现在，我们距目标又近了一步。

但也只是近了一步而已。在钨网确认我们的身份之前，我们需要向客户也就是福达公司发送一个连接请求，并由后者予以批准，否则我们就无法通过该第三方支付系统提交任何付款信息。艾伦给福达公司团队发邮件，让他们批准这一连接。然后，又是无数的电子邮件沟通。至此，事情开始变得怪异起来。我们只是想拿回报酬而已，但什么也没有发生，是的，什么也没有发生，而且整个过程异常缓慢。

艾伦再次与福达公司联系，礼貌而又态度坚决地要求他们批准第三方支付系统的连接。福达公司团队的回应可谓非常幼稚，他们说他们不了解钨网的系统是如何运转的，对此无能为力。是的，没错！但是他们可以批准我们发送的连接请求，然后付款给我们！一天后，福达公司联系了我们，表示公司内有人跟另外一个部门讨论了这个问题，认为在支付系统的连接上，责任在我方。总之，他们表示问题全在我们这边，全都是我们的错！

睁着眼睛说瞎话。

艾伦又辗转联系了钨网的支持团队。"你们团队的人确实和福达公司联系过，对吗？你们确定福达公司可以确认这一连接，对吗?""是的，他们可以！"这根本不是我们的错！在拿到钨网和福达公司已经有过沟通的详细信息之后，艾伦通过电子邮件把它转发给了福达公司。接下来要做的，就是等待。

好消息！福达公司批准了连接，他们还为我们公司设立了一个新的供应商代码。通过钨网支付系统，我们提交了2月22日和4月5日通过电子邮件发送的那两张付款单。系统显示，福达公司已经收到。确认！开动！列车的轮子终于转起来了！

然后，突然间，列车停了下来，而且缓缓地退回到了车棚。又一个星期过去了，时间已经到了5月6日。艾伦再一次给福达公司发邮件，催促他们尽快支付账单。要知道，我们也要给员工发薪水。

福达公司给出了一些理由，当然不是那种闹铃没响或小狗吃了我的代数作业之类的愚蠢借口，但他们的那些理由根本没有可信度。一天后，艾伦给他们发去了第三张付款单。

由于没有收到回复，艾伦又给福达公司发了一封提示邮件。这次，福达公司又给出了一堆新理由。

5月15日，福达公司另一个部门的另一名员工打来电话。虽然艾伦已经给他们发过包括银行识别代码在内的详细的账户信息，而且还发了无数次，但电话那头的那名员工依然坚持要求我们再次提供这些信息。没关系，这样的事情艾伦之前也经常遇到，到这一步，关键的事情似乎就要发生了，这是值得庆祝的。艾伦确认了相关信息。有了动力！看见了曙光！

第五章
您被拒绝访问本章

又是几天过去了，我们依然没有收到汇款。于是，艾伦又发了一封提示邮件。一个小时后，电话铃声响起。是的，打电话来的是福达公司，不过这是来自另一个部门的另一名员工，他要进一步核实我们的银行账户信息：除了首席财务官，还需要我们的另一名员工予以确认。看来，与两名员工分别核实银行账户信息是福达公司一贯的政策——尽管在5个月前，福达公司就给我们汇过一笔款。这似乎又是一个搪塞的借口。

24小时后，由于仍未收到汇款，艾伦再一次致电福达公司。这时，他又听到了一堆借口。

至此，距我们给福达公司发出第一张付款单已经过去了3个月的时间。5月21日，我们的律师联系了福达公司，表示如果再不立即结清逾期未付的款项，我们将采取法律措施。当天晚些时候，福达公司团队表示他们已经寄出支票。支票？那之前为什么要求我们提供有关汇款账户的详细信息呢？艾伦可是提交了不下750次。支票需要等几天时间才能寄到，也就是说一个星期左右就可以清账了！两个小时后，我们的开户行确认福达公司的前两笔款项入账。次日上午，福达公司第三笔款项也入账了。哦，还有一件事：30天后，我们收到了一张支票，这张支票现在还挂在我们办公室的墙上。至少，他们在这件事上没有撒谎。

大公司尤其擅长拖欠款项，它们会使用各种诡计和借口，而且还经常把责任推到技术头上，在避免按时付款的同时又能多拿利息。对福达等公司来说，我想这可能是一种常识……但对其他人来说，这简

常识工作法

直太荒谬了，因为我们在日常生活中也要支付各种账单。

没有技术会发生什么？

如果我们离开技术几天，会发生什么呢？技术将如何影响我们？事情会以何种方式变化？是会变得更糟、更好，还是二者兼有？

答案可以问问马士基。2017年夏，该公司成为一次严重的网络攻击的受害者。

6月27日，在毫无预兆的情况下，马士基在全球各地的计算机全部出现黑屏。为避免进一步遭到病毒感染，该公司切断了其他所有仍在运行的系统，暂时中止了与全世界正在运行的1/5的船舶的联系。很多员工不知道该做什么，干脆就回家了。马士基首席执行官施索仁发表了一份声明，要求其在121个国家和地区的所有员工"自行决定服务客户的方式，只要你认为这样做是对的即可——不要总是等指令，我们会接受这些成本"。[3]

对马士基来说，技术和复杂的数据库一向是其业务的核心。在计算机服务器突然宕机之后，公司里没有人知道接下来该怎么做。这家公司第一次充分认识到技术对世界的影响——由于遭到网络攻击，现在全世界1/5的船舶被困在各个海域，动弹不得。面对这样的大灾难，对客户和企业来说，怎么做才是对的呢？不幸的是，网上也找不到这个问题的答案。

尽管网络攻击令人痛苦，但在此过程中，也产生了一些从未有过的、出人意料的、积极的东西。马士基全球人力资源部门高管乌尔夫·哈内曼后来告诉我:"公司的层级制度立即暂停,并第一时间提升了员工的参与度和行动力,给予他们信任,赋予他们自由决定权,让他们去做他们认为正确的事情。"为什么?因为对马士基的员工来说,当时唯一能做的事情就是拜访客户,亲自上门拜访,面对面拜访。

马士基全球业务开发及营销部门负责人路易莎·洛兰回忆说:"这是马士基最出色的一点。你的头衔是什么并不重要,当时的心态就是,'如果我必须赶到港区,告诉卡车司机停在18号位,那么我会拼尽全力做到'。"

以巨大的财务成本为代价,这家受限于各种复杂流程、合规规则和法律法规的公司,在一夜之间把自己解放了出来。说实话,这不是一件容易的事情。此前,为削减成本,马士基已经对公司进行了全面数字化改造,而员工也已经习惯了把客户视为单纯的数字。这是一种"键盘关系",即事务性的、高效的和理性的。尽管马士基的员工是人,它的客户也是人,但都无关紧要。

一开始,马士基的客户很困惑:抱歉,这就是那些自称为马士基工作的人吗?马士基的员工同样不习惯和客户面对面交流。无论是对客户还是对员工来说,这种体验都是变革性的。年长的员工适应起来比较快,毕竟他们有过前技术时代的工作经验,而年轻的员工则要慢一些,因为此前他们面对的只是计算机屏幕和键盘。在公司网络被攻击之后,马士基意识到不同的员工最终可能会带来不同的结果,而且

常识工作法

差异会非常大。

在马士基内部，有一组员工在WhatsApp平台建起了一条手机链。每个人都去联系他们在另一个国家认识的人，并要求被联系人也这样做。通过平板电脑和外部服务器，路易莎连续数日每隔3小时就向210万收件人发送公司的正式通知信息。

回归基本常识，拥抱同理心，马士基的这种做法让每个人都受益匪浅，特别是客户。很多人都经历了一场深刻的思想转变。这是一种集体调整，突然间，他们也深刻感受到了公司所承受的痛苦。公司和客户之间的关系从来没有像现在这样真诚。公司内部产生了新的凝聚力和奋发向上的精神。高管每天都会到员工办公区走一走，而员工也有了一种真正的使命感——有些人还是第一次产生这种感觉。很多员工告诉我，马士基过去的创业精神又回来了。是的，网络攻击对马士基的一些客户以及马士基自身的运营来说是灾难性的，但在网络恢复正常之后，这一事件只会产生积极影响。事实上，经此一役，马士基和客户之间的合作变得更密切了。

在网络攻击事件发生后，马士基把重点转向了那些我试图引入该公司的常识性原则。客户也是人，而且客户也有自己的客户，在这一点上，马士基有了深刻体会。如果福特公司未能按时出货，那么汽车经销商和客户也会受损；如果家得宝的快递服务瘫痪，那么美国各地的门店都会缺货。

事实上，这不是一个技术可以解决的问题。没错，技术可以在计算机上创建非常全面的表单，可以显示姓名、日期、事实、数字、估算值和预测值等。算法技术具有强大的自由联想能力，可以预测过去的习惯是如何塑造未来行为的，但也只是到此为止。由于缺乏创造性和想象力，技术无法突破其固有的瓶颈，而这时候，就需要我们人类介入了。

我们要以发展的眼光来看待技术，而我们对技术的集体热爱也应该是有限度的。问题是，我们现在依然对技术抱有不切实际的幻想。说到底，技术跟我们人类的其他发现是一样的，比如性、酒精、烟草、健身或一种新的美食等。我们狂热追求，我们难以满足；我们不断约会陌生人；我们酗酒、抽烟或暴饮暴食。随着时间的推移，我们不再往前冲，而是选择后退。我们同自己谈判，我们权衡利弊，以寻找一个尽可能平衡的位置，并尽力保持这一状态。

现在，我们仍处于探索阶段：学习技术能做什么、不能做什么，能给予我们什么、清除什么、取代什么，等等。但同时，我们也要清楚地知道有些东西是技术不能取代的，比如一些神秘的或永恒的东西，人性就是其中之一。而人性中又包含着同理心，当然也包括常识。我希望，有一天常识能够把我们从技术的奴役中解放出来，让我们认识到最终是我们人类，而不是技术在主宰一切。

常识工作法

第六章

给我看看
你的 PPT

你有没有被杯子里溢出的热咖啡烫到过？我当然希望没有。不过，有一家大公司在员工茶水间却将其奉行的"少即是多"的理念发挥到了极致，结果反而亏了钱。事情是这样的：为节省咖啡成本，该公司首席运营官减少了每次按下咖啡机按钮时流入杯中的咖啡量。

面对这种一次取量不足的情况，大多数员工的做法是按两次按钮，但这样又会导致咖啡过量而溢出杯子。没有人愿意冒着被烫的风险，端着满满一杯咖啡回到座位上，所以大多数员工会在茶水间水槽随手倒掉1英寸（约2.5厘米）左右的咖啡。

"喝"一杯常识怎么样？

在公司，会议以及PPT演示，会占用我们近50%的工作时间。但几乎没有人愿意承认这个数字，因为它是一种提示，表明一个组织（以及该组织的工作人员）在时间管理上是多么糟糕。一般来说，公司会围绕各种计划召开会议，比如当前计划、远景规划和尚未制订的计划等，同时也会召开计划分析会议，比如先前的计划在哪些方面出了问题，我们怎样才能让远景规划更好地发挥作用，等等。此外，公司还会召开战略会议以及无力执行相关战略的会议。事无巨细，都需要召开会议，即便没有人能在会上提出有价值的意见或做出有价值的结论。事实上，没有什么要说的或要总结的，正是安排会议的首要原因：为什么我不在Outlook（微软的个人电子邮件和日历软件）上发起一次会议邀请呢？

我们的最终目标是帮助公司、公司员工，以及购买和使用该公司产品及服务的消费者重建常识。现在，让我们把目光转到几周前召开的一次内部Zoom会议上。

时间是周三上午。会议就要开始了！都有谁要参加？保拉、奥格登、尼尔和约兰达，还有杰米、西莱斯特、托尼、路易莎、安德烈斯，以及鲍勃A和鲍勃B（把他们区分一下）。

这是本周你要参加的第17次线上会议，而现在一周才过了一半的时间。你所在的这家公司总有开不完的会，长此以往，恐怕你每天仅仅是开会就要开到半夜。本周会议包括工作进度会、项目组会、评估会、审批会、季度会，以及一大堆你根本记不住的会。这些会议都需要你参加。实际上，"需要"这个词并不准确。你的领导在线，你也必须在线，唯有如此，你才能向他表明你在工作上有多努力，你对工作的掌控有多好，同时你还可以向他展示你无与伦比的口才、组织能力和技术能力。本周冗长的会议安排和同样耗费时间的众多电话

常识工作法

会议交织在了一起，你要总结各类报告，要做PPT，要汇报工作进度，而这又会导致公司安排更多的线上会议，比如审核会和委员会会议等。谁会想到，同样的职场动态和办公室政治会以如此无缝衔接的方式转移到线上，转移到你的家中。

此刻，你觉得你可以看透同事的心思。每个人都想说一些聪明的或有深刻内涵的话，以提升自己的地位。但大多数时候，他们说出来的却是"我同意马尔科的看法""我完全赞同，罗伯塔"。如果有人不喜欢某个想法，他们会说："这个主意不错，很好，但能先暂停一下吗？杰米，你还有什么要说……"

每次想起这样的事情，你都觉得好笑，为什么人们在会议上总是一遍又一遍地说重复的话呢？比如：

你能听到吗……

你能看到吗……

（奇怪的呼吸声）

哎哟，抱歉，你继续……

抱歉，不，你先说……

哎哟，抱歉，你说，不……

我正想说……

大家有什么感想……

（奇怪的嘎吱声）

抱歉，各位，是奥斯卡，我家的狗……

我的猫病了，抱歉……

抱歉，各位，我得参加另一场 Zoom 会议……

现在的很多会议实际上就是一群中层经理坐在一起，猜测首席执行官的反应。这一点你心知肚明。假设这名首席执行官叫迈克。据我所知，迈克这样的人是不会同意某种典型评论的，而且我现在就可以告诉你，他非常讨厌这样的评论。每个人都竞相证明自己比下一个人更了解迈克（但对迈克来说，他几乎叫不出他们的名字）。就个人而言，每当你向迈克提出某个不同寻常的建议时，他总是回应"好主意"。这要么是因为人和红色钻石一样具有多面性，要么是因为没有人知道你在说什么。

又到开会时间了。

你脱掉睡衣，换上那件搭在办公椅上的工装，祈祷不会被人注意到这是你第 127 天穿这件衣服，然后登录计算机，进入 Zoom 会议室。除了你，会议室内还有其他 11 个人的面孔。似乎没有人知道该把目光放到哪里：笔记本电脑的绿色指示灯处，还是指示灯下面 2 英寸（约 5 厘米）的地方？杰米和西莱斯特离屏幕太近了，像小牛在蹭鼻子，其他人则和屏幕保持着一定的距离，腰背挺直，端端正正地坐着，像是拘留所里的孩子。安德烈斯调整了平板电脑的角度，你只能看到他的一只耳朵和一条眼镜腿，而路易莎甚至还没有打开视频设置。但没有人提这个事情，因为路易莎可能刚从床上爬起来。早上 7 点起床，然后去办公室参加 9 点会议的日子，已经一去不返了。现在，他们早上 8 点 50 分起床,倒一杯咖啡,然后打开笔记本电脑——当然,如果他们之前把计算机关掉。

保拉设置的那个虚拟背景到底是什么?屠宰场吗?钩子上挂的是肋骨还是深色外套?托尼的背景是金门大桥。你禁不住想他在隐藏什么。坦白地讲,你很讨厌在 Zoom 会议室中看到金门大桥或其他任何户外风景图。当然,比起那位因无法调整滤镜而以土豆形象出现在员工视频会议中的女性,这样的背景还是要好一些。

约兰达以及市场营销部的安迪还没有上线。在等待期间,你和其他同事按照现在的社交礼仪,闲谈了 10 分钟。曾经是天气问题,然后是大流行病问题,现在则是居家办公的各种麻烦问题。"哦,一直在坚持。"当被问及最近情况怎样时,大多数人都这样说。"该是什么就是什么,对吧?"有人说。"该是什么就是什么。"你重复道。说真的,你一直都这么无精打采,还是长时间居家工作让你感到沮丧?

这家公司真正做决定的人通常会迟到 5~10 分钟,这也就解释了约兰达和安迪还没有露面的原因。是的,他们都很忙,是重要人物,是被需要的,但他们这样做,是在炫耀自己的优越地位。"我刚刚给约兰达发送了邀请。"罗伯特说。"我也给她发了。"其他几个人也插话道。这意味着约兰达将点击 6 条 Zoom 链接,其中 5 条是无效的。约兰达终于露面了,只见她的嘴一张一合,但没有声音。"约兰达,你开静音了。"有人说。然后又出现了一条评论:"我们听不到你的声音,约兰达,你是不是开静音了?"约兰达关闭静音模式,然后说:"看谁还敢再让我重复一遍!"大家都笑了起来,但这其实一点也不好笑。

第六章
给我看看你的 PPT

市场营销部的安迪还没有露面。"我们再给他5分钟的时间？"你提议说。一如既往，你总是被人们在线日历上的各种叮咚声搞得心烦意乱。保拉补充道，她刚刚给安迪发了一封电子邮件，提示他9点开会，并问他是否有其他更合适的时间。嘿，保拉，真想不到你还是一个被动攻击型的人？5分钟过去了，安迪仍没有出现，会议开始，后面会有人向他通报会议内容的，一向如此。

你开始解释这个季度收益增长的原因，在此之前，你已经做了充分准备。突然，你听到了嘈杂的哔哔声和嗡嗡声。"我是市场营销部的安迪……这东西能用吗？"安迪说。"安迪，你更改一下输出设置。"有人说（管它是什么呢）。"可能你的麦克风接收到了扬声器的回声。"另一个人说。

随着安迪的上线，PPT演示也开始了。无论何时，只要进行PPT演示，人们的注意力就会转移。这时，你会听到各种各样的声音：打开标签的声音，发送信息的声音，纱门开关的声音，甚至还有尿尿的声音。奥格登和西莱斯特都去了另外的Zoom会议室，而且西莱斯特还忘记切换到静音状态。"对的，皮埃尔。"你听见她说，"你今天就可以拿到。"谁是皮埃尔？"如果每个人都能打开静音按钮，那就太棒了。"保拉说。该死，保拉，你真是火力全开！

到目前为止，你已经记不清有多少次听到同事吹嘘他们同时在开两个电话会议了。现在的生产率显然是通过接连不断的线上会议来衡量的，中间不休息，不上卫生间，不洗澡，不吃饭，不活动，不锻炼，也不换衣服。这就好像你接受的会议邀请越多，你得的分数就越高——

样。有些人只是想让其他人知道他们有多忙而已。结果，没有人有时间准备任何事情，特别是会议准备。他们怎么可以这样呢？反过来，这又导致边会数量大大增加。会议会引发更多边会，而边会又会引发更多会议，没完没了。

以我个人经验来看，几乎所有的商务人士都表示他们非常厌恶线上会议。他们认为这是对时间的巨大浪费，原因之一就是在大多数线上会议中，与会者的注意力都很难做到长时间集中。每个人都在为下次会议以及下下次会议做准备，至少他们脑海里是这么想的。

缺乏常识的线上会议

什么是常识？

正如我在前面讲的，常识和同理心不可避免地关联在一起。同理心把人们聚集在一起，让人们体验站在他人立场考虑问题的感受。如果仅仅是为了安排会议而安排会议，那么这些线上会议只会发挥回声的作用，进一步强化公司已有的观念和偏见。组织这样做只会培养出一个个怪物。当然，偶尔也会有极富成果的会议，但大多数时候收效甚微。

另外，如果会议的真正好处之一是把不同职能部门的人聚到一起，为什么跨部门会议还召开的那么少呢？市场营销部在开会的时候，运营部通常也在开会。市场营销部拿出了一个可靠的计划或策略，但最终却被运营部在本部门的会议上以安全为由否决了。为什么市场营销部和运营部最开始的时候不开一次联合办公会呢？

让我们来看一个例子。

这次线上会议并不像其他一些会议那么糟糕，比如 5 天前的那次。

在 Microsoft Teams 会议室，大概有 100 个人，这就像是一场狂欢聚会。想一想 100 人的线下会议是什么样的，你会疯掉的。难道就没有一个可限制在线活动人数的数字警示吗？为什么没有呢？

这次 Microsoft Teams 会议的一个重要内容是皮特的 PPT 演示。"大家能看到我的屏幕吗？"他一直在问。不，皮特，没有人看你的屏幕！不要再问能不能看到你的屏幕，赶快开始吧！

你早就知道皮特是一个常用缩略词的人。5 分钟后，他就讲到了 QCR、UTS 和 MMS。两名新员工一边点头，一边记笔记，至少从肢体语言上看是在记笔记。或许缩略词就像 COVID 一样是有传染性的，因为索菲问："皮特，你的团队考虑过 QTP 带来的压力吗？我觉得这会越来越糟。"

"并非如此。"皮特说，"我们甚至感觉更好了。这是符合 NKO 的。对了，大家都收到我的 PPT 了吧？" 98 个人点头，两个人表情凝固，然后赶紧翻阅电子邮件，看看未读邮件中是否有这份 PPT。与会者中，有两个人问皮特能否重发一下邮件，还有两个人分别表示"从未收到过"和"我不认为我在通信列表中"。

当皮特开始讲解 PPT 时，会议室里的每个人都安静了下来，一段单调乏味的旅程就此开启。有个同事闭着嘴打了个哈欠——他曾告诉你，这是他在商学院掌握的一项技巧，而且多年来一直不断改进。

常识工作法

一切都如预期一样有条不紊地进行着,直到拉里出现在会议室。拉里是皮特的老板,对于他的出现,皮特显得有些慌张,并开始把 PPT 退回到了开始的几页。他不再听会议室内其他人的反馈,而是转过头来向拉里展示自己的多重视角——这些内容实际上是他从同事那里窃取来并据为己有的。现在,每个人都知道皮特不过就是一个马屁精。

他还是一个石化了的马屁精。"皮特,你那边画面卡住了。"有人说。没错,皮特那张一动不动的脸简直就是痛苦的写照,像极了古斯塔夫·多尔所绘的但丁之《地狱》(Inferno)中的插画。很快,皮特回过神来。"大家对此有什么看法?"他问。几秒过去了。"可不可以请你重复一遍?"终于有人说,"你那边画面刚才卡住了。"

在线上会议中,这并不是你所经历的唯一网络故障,而且比起其他一些事情,这还算不上糟糕。比如,有同事就曾打开"屏幕共享"按钮,让每个人都清楚地看到了一个名为"离婚"的桌面文件夹。还有一次,雪莉被一个小男孩打断了。"我的'小鸡鸡'呢?"他一直问个不停。"对不起,各位。"雪莉说。但就在她转身看儿子时,膝盖顶到了桌子,桌子上的笔记本电脑飞了出去,还打碎了一盏灯。当然,还有贝基,你看到她男朋友在地板上爬行的身影,他正试图躲开笔记本电脑的摄像头。

几分钟后,会议结束了,但议程上还有 9 个要点。事实上,有人还得安排另外一场会议。与此同时,你的同事开始说再见,并挥手,就像冯特拉普家族的歌手一样。离开会场时挥手这种习惯,是从什么时候开始的?最搞笑的是,在 5 分钟之后召开的另一场线上会议中,他们又会见面，这次是在 WebEx（网络会议提供商）平台还是在谷歌 Hangouts（环聊，谷歌开发的视频聊天服务）平台举行呢？你希望能有一个优雅的告别，就像电影片尾一样，浪漫的音乐响起，演职员表开始滚动，但事实上，你看到的只是一个"离开会议"图标。你很不情愿地点击了一下。"你确定要离开会议吗？"弹出的提示框问。"不，当然不！"你想大声吼。"你看透了我的心思，你这个浑蛋！我想死在这儿！""我们取得了很大成就，我期待着下一次。"你听到有人说。但会议室已经空空荡荡，它就像是一个废弃的舞池。

本周，你和其他人有 14 次见面机会；不，是 15 次，因为周五晚上还有一场 Zoom 鸡尾酒派对（由于担心疫情期间企业文化会受到冲击，你的老板给每个人都发了一份邀请，同时表示欢迎携带子女或宠物参加）。你宁愿和你的宠物猫一起喝到烂醉，也不愿意参加这样的派对，但你别无选择。居家办公的问题就在于，你常用的借口再也不管用了。

这看起来是不是很熟悉？与你自己参加的线上或线下会议的经历是不是很相似？是不是也让你感到不快？如果答案是肯定的，为什么你不再质疑，而是随波逐流？下面我们来看几条有助于举办成功的、合乎常识的会议的规则。

不打电话，不上网冲浪，不发电子邮件，不发短信息

我曾在加利福尼亚州山景城的谷歌总部做过一次演讲。台下有大约 200 名听众，在 30 分钟的演讲中，我只与 4 个人有过目光接触，

其他人都在看笔记本电脑或手机。当然，也有一些员工在做记录，通过手机或笔记本电脑的摄像头与我进行虚拟的目光接触，但结果是一样的：相比于听我演讲，他们还有更重要的事情要做。

如果举行的是线下会议，可以考虑买一个篮子或其他容器。与会者可以在自己的手机上贴一个便利贴，然后放进篮子，等会议结束后再取走。（说实话，如果某个人或某件事非常重要，可以直接面谈；如果不是那么紧急，则可以缓一缓。）

设定议题

无论召集的是线上还是线下会议，你都要问一问自己：我想在这次会议上达成什么目标？然后再为会议做准备。如果这是当天的首次会议，让每一名与会者都列出他们的议程，比如他们想要取得的成果等。在会议结束时，团队负责人可以考虑给与会者发一条短信息，重申一下重要决定和方向，提醒（和推动）每个人都保持专注。

简而言之，就是敲定会议的内容。千万不要说你们要"评审"什么，这样的主题太宽泛了。如果是就某事寻求批准或做出澄清，那就实话实说，越具体越好。

设定时间限制

正如我们刚才看到的，在大多数时长为一个小时的会议中，有

5~7分钟的时间会被小的技术问题占据。这是一个需要解决的问题。职场中的确存在一个不成文的规定，那就是会议必须要开满60分钟；如果不到60分钟，一定是在某个方面出了问题。其实，会议时间不应超过30分钟。

在线下举办面对面会议时，为确保不超时，我会携带一个计时器，并告诉与会者，这个计时器代表着在座各位的累积工资。我估算了一下，最低时薪可能是120美元，最高时薪大概为1000美元。"现在大家都到齐了。"我说，"这次会议还没开始，但我们的成本已经出来了，约为15000美元。而且我也参会，这个成本就更高了。所以，我们要计算时间。"会议进行到15~20分钟的时候，我指出在处理IT故障上我们已经浪费了4000美元，并表示接下来我们要解决这一问题。无论是线下还是线上会议，计时器都有助于与会者集中注意力，把重点放到他们正在做的事情上，或者更准确地说，放到他们将要做的事情上。令人遗憾的是，很多时候，我都不得不带着同一个计时器从一场会议转到另一场会议。

那么，这个计时器到底可以做什么呢？除了作为一个运行的时间编年史，它还提醒与会者注意，30分钟的会议必须富有成效。如果他们能够在20分钟的时间里解决议程上的所有问题，那么剩余的10分钟也就没有必要了。当然，作为基本的计时工具，计时器也是非常棒的。你是有效利用了还是浪费了会议时间，一看便知。另外，计时器还会减少会议期间的各种闲谈。通过绘制时间分配图，员工往往会惊讶地发现，"上班的时间不够用"这个常见的说辞原来是因为上网

常识工作法

过多、茶歇太多、闲聊太多等。

埃隆·马斯克说:"如果你明显没有在创造价值,就请立即退出会议或挂断电话。这种离开并不是一种粗鲁行为,让别人留下来浪费时间,那才是粗鲁的。"[1] 我是他这条生产率规则的忠实信徒。简而言之,在会议期间,如果与会者认为他们没有可贡献之处,那么可以随时离开会场。

谨防"环路"思维

人们在会议上的对话有时会让我想起摩天轮。一场交谈从某个地方开始,然后开始上升,到达顶点,然后又快速回落到起点,周而复始,只不过一次比一次遇到的阻力大。以我在机场买的那副耳机为例,假设一场对话,再看看它可能的走向。"为方便从纸板中取出耳机,我们讨论过简化包装的想法。"有人说。"但如果我们这么做,防盗问题怎么办呢?""我想让法务部门仔细审查一下安全问题。如果小孩子扯出耳机线,吞下去了怎么办?""如果更换包装,我们的生产成本将会增加。""我担心的是新包装不适合零售店的货架。""但没有人能从塑料包装中取出耳机。"人们之所以提出批评,是因为这样做可以向其他人表明他们具有良好的分析能力和全面的思考能力。如此一来,时间就被白白浪费,最终什么也无法达成。

为了避免这种常见的情况,可以考虑把会议对话分为三个阶段。同样以该耳机包装为例,有人在会上提议为耳机设计一个"迷你包",

前侧口袋可以用来装手机，侧面口袋则可以用来装耳机线。

首先，如果不存在技术或运营方面的问题，那么从原则上讲，我们喜欢这个创意吗？如果与会者都支持"迷你包"创意，那么我们每个人都可以批准这个决定的本质部分或核心部分。

其次，我们可能会收到什么样的反馈？与其召集十几个人进行持续的、开放的对话，以求最好和最强有力的反馈意见或建议，不如把与会者分成三人小组（线上或线下会议同理），把会议和问题转变成非正式的研讨会，让每个小组确定一个关键问题，而最重要的是，要同时附带解决方案。

最后，把每个人的问题和想法都收集在便利贴上，并通过颜色把它们区分开来。比如，关键问题要写到黄色的便利贴上，解决方案写在绿色的便利贴上。一张便利贴只写一个问题，为什么？大多数会议的持续时间都比原定时间长，原因之一就是与会者总是翻来覆去地讨论同一个话题。通过便利贴，你可以把相关问题的便利贴放到"已解决"的类别中，这就相当于发出了一个明确信号：该类别中的问题不再讨论。讨论期间任何不受欢迎的想法也都放到这个类别中，表明它们也已不在讨论之列。

不是每一件事都要开会解决

你现在还记得哪些会议？原因是什么？对大多数人来说，在任何一次会议上，他们能记住的事情不超过三件。看看现在的组织有多少可用的沟通工具：电子邮件、电话会议、报告，电子表格和 PPT 等。不是每一件事都值得开会解决。在某种程度上，正是公司各部门之间的分裂导致会议扮演了它本不该扮演的角色。很多人安排和参加会议，是因为他们担心自己被遗忘或忽略。如此一来，会议也就成了一种证明手段，证明你做的事情很重要。（我已经记不得有多少大型组织员工向我倾诉，他们担心有一天会被遗忘。）

下次如果有人说："我们下周开个会吧。"你可以问一句："等一下，我们开这个会的目的是什么？"如果目标是就某个问题达成一致意见，那么就没有必要安排会议。为什么不当场敲定一个答案呢？如果结论是模棱两可的，而且这个问题还涉及多个职能部门，那么召开一次所有职能部门参加的会议是必要的。

很多会议是违背常识的，那它们是不是应该取消呢？当然。但我在这里要说的是，现在线上会议被严重滥用，已经到了完全不合常理的地步。会议的目的性已经不复存在，取而代之的则是一种习惯、一种被动的接受，而这就是当前商业世界广泛存在的现象。但如果你遵循常识，情况未必会如此。

事先承认线上会议固有的局限性

不用说，自疫情暴发以来，线上会议已经远远超越面对面的线下会议，并成为我们生活的重要组成部分。我们大多数人也觉得应该参加线上会议，因为这可以证明我们是多么"忙碌"。

然而，在现实生活中，我们什么时候被要求站在离同事3英尺（约1米）的地方，然后盯着他们的脸看一个小时？任何参加过Zoom或Microsoft Teams会议的人都知道，线上会议是一种非正常的媒介。时间迟滞、回声、令人分神的背景音效、画面卡顿，以及持续不断的自我评估（比如，"这边画面还好吗？"），而这一切只会让事情变得更复杂。另外，在线上会议中，由于看不到其他人的肢体语言，我们的集体同理心也会受到侵蚀。线上的沉默，往往会引发人的焦虑情绪。（Zoom或Microsoft Teams等应用应该考虑增设一个"我正在思考"的按钮，这样一来，与会者就可以点击该按钮，表示自己正在思考中。）有的员工会患上"Zoom疲劳综合征"，因为在一天之中，他们大部分时间都盯着笔记本电脑或平板电脑。这种朝线上会议转变的趋势，实际上会降低员工的生产率。对我们大多数人来说，"居家"和"办公"已经令人不安地交织在一起了。但现在，我们的公司和同事事实上已经侵入了我们的内心世界。

让线上会议更彰显文化

Siri（苹果智能语音助手）、Microsoft Teams应用的"文化按钮"在哪里？我们新的在线环境的最大的受害者是……文化。在工作场所，那些看似无关紧要的面对面接触都是无价的共时性事件，比如两个同事在走廊上、办公室一角或电梯里相遇。一般来说，共识的建立发生在较小的群体内或有限的空间里，因为在这种情况下，我们可以自由表达想法。但当我们在线上时，这些条件都不存在了。现在，两个同事之间对话会被公开"展示"，但他们真的想跟其他9个人分享观点吗？

为此，在每天的早会上，我都会给出5分钟的分组讨论时间。我会邀请团队成员加入一个虚拟的分组讨论室，三人一组，讲一讲每个人在前一天面临的主要挑战（展示弱点会对他人产生显著影响，因为是人都有弱点）。这个5分钟的分组讨论可以让他们在"正式会议"开始之前重新建立联系和共时性。

如果你的同事有话要说，不妨考虑让他们举手发言。令人惊讶的是，很多参加线上会议的人都没有意识到这一点。Zoom 或 Microsoft Teams 应用均为视觉媒介，当人们有话要说时，为什么不同意他们做示意动作呢？礼貌等待的结果就是被某个手快的人抢了先，打断了通话。

再来说说表彰和庆祝成功。首席执行官那个难以觉察的点头动作是意味着"同意"吗？他是不是把另一场电话会议设为静音了？他的视频画面是卡住了吗？这些都很难判断。为此，在线上会议中，要尽可能地表彰成功者，表彰个人贡献者。这听起来可能很愚蠢，但虚拟空间的掌声有着非同一般的影响。天祥集团首席执行官安德鲁·拉克鲁瓦甚至走得更远。最近他告诉我，他们公司每天都会重点表彰一名"英雄"员工，感谢他把新的创新思维引入组织。

和同事一起外出散散步。没有任何规定说，Zoom 会议必须在室内举行。下载 Zoom，然后和同事在郊野、湖边或你家的后院会面。

生活中缺乏转变，这会给我们带来难以言说的疲劳，改变场所确实会焕发我们的活力。

好的会议都有一个共同点：没有 PPT

PPT 也就是幻灯片演示会让会议变得更加复杂。在过去 10 年，PPT 可以说是商业领域的常态，尽管在近几年有失宠的趋势。作为一名咨询顾问，我承认，在大多数时候，我也会在会议前给客户或同事发送 PPT 文件。但在会议开始后，我只会把该 PPT 作为视觉或听觉背景使用，而每页 PPT 的内容无非就是几个词或一张深思熟虑的插图，比如通过某种隐喻，提示人们记住我刚才讲的要点。

问题是，人们在开会时已经迷上了这些 PPT。对领导者来说，评价一名员工生产率的最佳方式是什么呢？看他的 PPT！通过研读 PPT，领导者很快就能判断出某个人生产率的高低。"汤姆做事向来都有准备，而且准备得特别充分，你可以看看他做的 PPT，有 269 页呢，还有 173 个图表。难怪汤姆在过去一年里能被两次提拔。还有，你看过珍妮特做的 PPT 吗？整整 501 页！"简而言之，在世界各地的工作场所，员工都在竞相制作内容最多、页码最多、图表最多的 PPT。

但是，严肃地讲，对于这种花费大量时间制作的、向全世界受众演示的 PPT，人们真的能从中得到些什么吗？我参加过的最好的会议都有一个共同点，那就是没有 PPT 演示。

为什么？因为当你在房间里与某个人面对面时，你们之间的互动就会变成对话而不是独白。（线上会议同理，一旦有人点击了"共享屏幕"按钮，看似无穷无尽的PPT就会涌现出来，但可以肯定的是，这时一半的受众也会溜之大吉。）在没有PPT演示的情况下，面对面的交流更富有成效，也更有用。

我曾经和某家全球投资公司的首席执行官开过一次会，事实上，这也是我参加过的最好的会议之一。作为这家公司的顾问，我和这位首席执行官在他的办公室开了长达三个小时的会。会上没有任何PPT，相反，他还记了15页的笔记。后来，在他的一位同事和我通电话时，我告诉她，我们两个人刚刚开了一次富有成效的会议。听到这句话后，她的第一反应是："能把您的PPT发给我看看吗？"当我告诉她没有PPT时，她脱口而出："您和我们首席执行官开了三个小时的会，竟然没有PPT？"我可以猜得出她的真实想法："你怎么可以这么浪费首席执行官的时间呢？你难道不知道我们这里是怎么做事的吗？真是鲁莽！"说实话，在那一刻，我有一点内疚。

然后，她又说："那您能做一份PPT吗？"

"当然。"我说，"不过我们现在就在通话中，不如我直接跟你说说吧。那些你记不住的，可能本身就不重要。"

正如我在前面说的，据我个人经验，在一份PPT中，大多数人最多只能记住三件事，其他的都不重要。事实上，有那么一两次，在做完PPT演示后，我发送了错误的PPT文件给与会者，然而，在后期查看时，他们却没有发现在该文件中，大约40%的内容跟我之前讲的并不一样。包括马士基在内的一些公司，我建议它们全面禁用

第六章
给我看看你的PPT

PPT。除了极少数情况，马士基现在已经不再用 PPT 了，大多数领导层会议都是在激烈的讨论中进行的，即便需要预先准备简报，内容也不会超过 5 页。

但话说回来，PPT 和各种冗长的会议已经成为难以打破的习惯。这种难度，就好比让一个一天抽两包烟的人戒烟或让一个婴儿不用安抚奶嘴一样。如果你或你的同事能以另外一种更合乎常识的方式解释某个事情的要点，为什么不考虑完全抛开 PPT 呢？你甚至都不会注意到它们不见了。你会惊讶地发现，这样做多么节省时间，而你的大多数同事在反应过来之后，又会显得多么放松。

那是太阳还是路灯？现在还是晚上吗？几点了？哪一周了？几月了？你唯一能确定的事情就是你的眼睛在冒火。眯起眼睛，你只能模糊地看到那件仍搭在办公座椅靠背上的衬衫。明天又是一整天的 Zoom 会议，你将再一次穿上它，而这也是它第 128 次亮相了。

但现在，睡觉是你唯一拥有的常识。

第七章

阴影里潜伏的规则

有些特定的词汇和表达确实会让你感受到一些东西。你觉得"规则"这个词合适吗?"合规"这个词呢?你对"政策"这个词有什么感想?就我的经验来看,没有哪个词比这三个词更能让员工感到迷茫或困惑了。

在公司内外,规则、条例和政策会以近乎无穷多的形式或伪装方式呈现出来。这就是问题所在!正如我们现在所知道的,常识的缺乏通常源于组织的短视,即公司开始把注意力全部放到内部运营和程序上。我来补充一下,这包括它们的规则、合规制度和政策等,其中有一些颇为古怪,而且也不合乎常理。

我知道有一家公司禁用塑料水瓶,这意味着员工在进入办公室之前要把塑料瓶扔掉,就像过美国运输安全管理局安检通道一样。但公司并未就此规定给出解释。(难道是出于对环境的关切?)2012年之前,迪士尼禁止员工蓄留任何面部毛发,而今天该公司的规定则是男性员工可以留胡子,以免给人留下一种蓬头垢面的印象。[1] 美国服装零售品牌阿伯克龙比&菲奇（Abercrombie & Fitch）发布过一份"仪表仪容政策指南"，指出员工的头发看上去必须要有"光泽"，要有"微妙的高光"。[2] 在 S.I. 纽豪斯的执掌下，康泰纳仕（Condé Nast）（《时尚》《名利场》《纽约客》等杂志的出版商）规定内部餐厅禁用大蒜。[3]

在规则概念上，有一家投资公司甚至走得更远。这家公司给男性员工发过一份调查问卷，可能是想澄清公司在性和性骚扰问题上的立场。

每个问题都需要做出"是"或"否"的回答。这些问题包括："你最近有没有和其他员工发生过性行为？""你最近有没有过性生活？""如果有，那么你采取保护措施了吗？"一位在该投资公司工作多年的高管对"你最近有没有过性生活"这个问题给出了肯定的回答，但对于是否采取了保护措施这一后续问题，他的回答是"否"。问题就在于，这份调查问卷并没有考虑到一个事实，即这位高管已经结婚 7 年，家庭生活幸福，他们已经有了一个孩子，而且还准备生第二个。

在提交调查问卷之后，这位高管以为事情到此结束了，但两个星期后，公司的人力资源部门却找了他。在对他的调查问卷进行评估之后，该部门认为他得分过低，需要参加为期一天的行为规范培训班，相关话题包括如何在性生活中采取保护措施等。请记住：这位高管不是 16 岁的孩子，他是一个 38 岁的已婚人士，而在和妻子组建家庭时，他大概就已经摒弃了使用安全套的想法。但这些似乎并不重要。

培训当天，他和其他十几名"性堕落者"一起参加了公司组织的

常识工作法

这次活动。在随后的 8 个小时里，除了短暂的午餐时间，他一直在接受最初级的性教育知识。培训方式是课堂式的，培训内容包括：什么是"合适"的性行为？你在性生活中经常不使用安全套吗？为什么安全套很重要？你能说出一种或多种性传播疾病吗？你知道什么是艾滋病病毒吗？避免感染艾滋病病毒的最佳方法是什么？仅是和人交谈会感染艾滋病病毒吗？在这些问题后面，还有案例示范。在场的每个人都被展示如何正确使用安全套。在培训了几个小时后，这位高管被邀请分享有关人乳头瘤病毒和淋病方面的知识，并问他在遇到艾滋病患者时应采取何种应对措施。（要知道，该投资公司严禁同事之间发生性行为，但这没关系，你还是要讲。）

压缩开支的新政

这些公司规定，看起来也只是公司规定而已。

好消息是，从总体上看，公司现在大多建立了更符合习俗和常理的规章制度，比如丧假、产假政策和差旅规定等，不一而足。不过，在商务旅行方面，有些规定往往会令员工头痛不已。

众所周知，在这方面，公司和员工之间的症结在于航空里程积分。谁"拥有"那些积分，是员工还是公司？是否应该允许员工把积分用于个人目的？从法律上讲，由于公司是付款方，所以航空里程积分是它们"挣来"的。那么员工怎么办？他下班后还要出差，他挤在阿拉斯加航空公司航班的后排座位上，紧挨着某位乘客的"情感支持"孔雀[①]而坐，飞机每次发生颠簸，这只孔雀都会啄他的膝盖。在员工的航空里程积分到底归谁这个问题上，若处理不当，有时会让商务旅行变成一个非常情绪化的问题。

我知道有家公司为员工提供商务舱选择，但前提是直飞航班，且飞行距离超过4000英里（约6400千米）。这相当于从伦敦飞加尔各答、从纽约飞开罗，或从洛杉矶飞柏林。这里的关键条款是"直飞"。航空公司大多提供短程直飞服务，比如从达拉斯飞圣安东尼奥，或从罗利达拉姆飞底特律；从一个城市到另一个城市的"点对点"长途直飞服务，非常少见。在长途飞行中，大多数航空公司都设有经停站，中途停一次或两次，有时甚至还会停三次，然后抵达目的地。简而言之，在这种情况下，该公司员工是不能乘坐商务舱的。既然如此，至少可以把航空里程积分留给员工吧。

我还知道一家公司，它规定1000英里（约1600千米）以内的商务旅行，员工不得乘坐航班，他们可以选择开车或坐火车。暂且抛开不方便，该公司的一处重要办公地设在安大略省，正好在世界面积最大的淡水湖苏必利尔湖的湖边，这意味着大多数情况下，员工须乘坐轮渡才能到达办公室，而这又多加了100多英里的行程。总计下来，整整一天的时间就被耗尽了。不幸的是，轮渡并不提供航运里程积分。

[①] 原文所指的"情感支持"孔雀是许多航空公司允许航班运输的服务型动物，英文叫作service animal，一般译为服务型动物。《美国残障法案》对"服务型动物"的定义为：受过单独训练，能够完成相关工作或履行相关任务，帮助有身体、感官、精神、智力等残疾的人的动物。——编者注

这些例子让我想起了公司中普遍存在的另外一个常识问题。很多公司都会不遗余力地压缩开支，但新推出或新实施的政策却适得其反，不仅没有达到减少开支的目的，实际上还增加了开支。这些年来，我听过很多类似的故事：某公司招聘了一名员工，并表示会给员工报销差旅费，但仅限于航班的经济舱。好吧，这个条件他可以接受。

该公司为他指定了一家网站，上面列明所有可用的航班及票价，而且票价还可以从高到低排序，一目了然。这名员工惊讶地发现，"灵活经济舱"的往返价格为3000美元，而"限制性商务舱"的价格是2100美元，乘坐后者可节省近1000美元。该员工认为这是一个可以帮助客户省钱的机会，而且自己在旅途中也可以坐得更舒服一些。于是，他联系公司，解释了其中的票价差距，并问是否可以选择乘坐价格更低一些的"限制性商务舱"。公司的回应是不可以，并重申了相关差旅政策，即所有员工和供应商必须乘坐经济舱。

这家公司显然没有关注上述旅游网站的航班信息。可见，常识是会创造不同的。

很多公司还规定员工只能乘坐少数几家"核准"的航空公司，比如美国联合航空公司、达美航空和大陆航空等，认为这可以节省成本。那为什么不把成本更低的西南航空或捷蓝航空也加到这个清单中呢？类似地，很多公司要求员工只能入住少数几家"核准"的连锁酒店。这意味着，如果你碰巧在拉斯维加斯参加商务会议，而会议中心附近又没有你们公司"核准"的酒店，那么你别无选择，只能到30英里（约48千米）外的万豪酒店或希尔顿尊盛酒店入住。也就是说，即便街对面就有一家非常合适的旅客之家酒店（Travelodge）、华美达酒店（Ramada Inn）、精品酒店（Quality Inn），你也不能去住。

我们再来看另外一家公司。这家公司派遣多名员工去参加某个大会，但规定每名员工每天只能参加一场分会。也就是说，尽管该公司支付了从盐湖城到洛杉矶的 6 张往返机票的费用，但它还是要从参会费用上压缩开支。有些观察人士可能会想：常识都去了哪里？而公司的回应是：规定就是规定。

不成文的规定

我在前面提到，公司的规则、制度和程序有"正式"和"非正式"之分。这是因为，员工手册或人力资源手册中的很多规则，都有一套与之相对应且得到管理层和员工默认的非正式规则。同家庭传统一样，这些不成文的规定（其中很多来源不明）是通过各种或好或坏的实例传袭下来的，并最终成为"律法"。

比如，我们知道大多数公司都有正式的考勤制度。员工必须在上午 9 点前到岗（人到办公室或线上打卡），然后下午 5 点下班。这没问题。但非正式的和不成文的职场规则是，如果你想在公司取得成功，一个极好的主意就是一直工作到晚上 7 点或 8 点，而且周末也要继续加班。同样，你的老板——就是那个跟你们办公室里的每一个人都表示，周末不用回复她邮件的人——刚刚对你说："我正在清理邮件，请忽视我给你发的信息。"但实际上，她是希望你在一小时内给出回应。

我的一个朋友，25岁，每天上午进办公室前都会摘下手表。他戴的是一块瑞士宇舶表，价格高昂，属于奢侈品牌。为什么要摘下来呢？原因很简单：他的老板也戴着一块宇舶表，而且还表示他不赞同年轻人赚太多的钱。我的另一个年轻朋友在某公司实习，而这家公司对实习生和实习级别的员工的规定是每周工作20个小时。然而，包括我朋友在内，没有一个人想过在工作到20个小时的时候停下来，就此结束一周的工作，然后离开办公室。他和他的同事每周都要工作超过30个小时，以此取悦老板，并向老板表示他们愿意超越甚至打破预期要求。该公司还规定员工每天上午9点前到办公室，但他8点就会到岗，有时还会更早，而他的多名同事也是如此。

在公司中，"弹性工作时间"的真正内涵是什么？在必要的时候，你真的能抽出时间，比如周五上午在家办公，或者周三上午先把女儿送到幼儿园，然后再去上班？如果是这样，为什么只有你一个人在利用这种借口？你是凭空想象，还是老板最近对你的态度特别淡漠？慢慢地，你就会明白了，你不再去利用弹性工作时间，你在办公室工作的时间越来越长。按时下班是业余选手和轻量级选手才会做的事情。

然而，不拘泥于非正式和正式的规则才是常识。届时，我们就不会再去追问我们所遵守的规则、制度或程序是否在一定程度上反映了正常的人类行为关系。不仅如此，这些规则还会创造出大量不必要的、无形的繁文缛节，使得人们在公司陷入危险境地时更加难以前行。就我个人经验来看，这是一个极难克服的挑战。

时下，公司中存在的最大问题之一是安全问题，也就是谁可以进出公司办公室的问题。两年前，我去某公司总部拜访客户。"你好。"我和前台接待员打招呼，"我是来找……"

还没等我把话说完，她就指着旁边的一个大屏幕说："登记一下。"那是一块非常大的屏幕，几乎把她的脸都挡住了。在公司大厅，这样的屏幕越来越多，尤以美国那些新兴科技公司为甚。站在屏幕面前，你会明显地感觉到，一页页的公司规则、制度和政策正塞入你的喉咙。我想，我只是来这里开个会，而且是毫无恶意的会，为什么非要让我知道这些东西？但不管怎么说，我还是在不停地划动着屏幕，而在浏览到大约20页的时候，突然屏幕上跳出一个提示框，让我确认是否已经理解了所阅读内容，并用手指签名。怎么说呢，我的签名看起来就像是一只喝醉了的蜜蜂用绑在翅膀上的黑色记号笔写的。屏幕接受了这个毫无章法的签名。现在我可以到楼上去了，对吗？

由于不太确定该前台接待员所扮演的角色，我说："好了，我在这边都登记过了。""好的。"她说。接下来是沉默。过了一会儿，我问："那你能打个电话跟楼上的人说一下吗？"

说实话，她不能。那个巨大的屏幕非常智能：在我草草写下难以辨认的名字之后，它就自动给我约访的那名高管发送了电子邮件。不过，我事先已经知道，这名高管正在开会，可能没有时间查看邮件。当我把这个情况告诉前台接待员时，她唯一的回应就是"继续等"。

等什么？她的职责到底是什么？由于没有其他选择，我只好找了个座位坐下。大约10分钟后，这名前台接待员接到了一个电话，显然是问我在不在大厅。从肢体语言来判断，她并不知道电话中说到的访客是我。我决定主动一点，从座位上站起来，然后报上了我的名字。她抬头看了一眼，对于我突然插话，她显得有一点恼火。她对电话那头的人说："这里是有一个人，他说他叫马丁，你问的是他吗？"

我以为这是显而易见的事情，因为当时除我之外没有其他任何人在场。当然，也可能是我没看到。

很快，安全门打开了。我约见的那名高管穿过旋转门，大步向我走来。她的表情中带着歉意，但也能感觉到她的恼火。"我知道你肯定会被卡在这里。"她说，"这种情况总是发生，所以我想最好还是下来接你。系统邮件发到了我助理詹妮弗那里，但她今天不巧生病了……"

于是，我们一起绕过那名前台接待员，上楼开会。

常识呢？

另一家公司，另一个城市。跟往常一样，这次我也是去参加会议。几番周折之后，我终于找到了开会的办公楼。穿过大门，迎面看到的就是安检台。时下，这个地球上的每家公司，似乎都会在大厅里设置环形座椅。首先，一名安保人员要查看你的身份证件；接下来，要写下你的姓名；然后按指纹，并附上你所在公司的名称、你的电话号码、你的到达时间、你要会见的人的姓名、你的车牌号，以及时间、日期和年份，甚至还有上次结肠镜检查时医生发现了多少息肉。

不过，如果你肯花时间仔细看一下其他人的登记信息，你会发现很多人根本就不把这套安检程序放在眼里。在登记册的其中一页上，

第七章
阴影里潜伏的规则

我看到有人在姓名一栏填的是"米老鼠",还有人填的是"耶稣";继续翻,你还会发现已故的迈克尔·杰克逊、唐纳德·特朗普和灵犬莱西也都访问过这家公司。在访客登记册上出现这样的信息,却没有人发现,可真是匪夷所思。(每次去做按摩时,如果问卷表格中有一项提问为"是否为孕妇",我会在后面方框中打钩。我之所以这么做,是想知道到底有没有人会花时间去看这些信息。事实上,根本没有任何人看。也许我就是个孕妇!)

在登记册上填完详细的个人信息之后,安保人员递给你一张访客通行证,然后引导你通过金属探测安检门。你携带的手袋或手提箱,同样需要安检。

预先警告:如果你持有任何"数据",情况会变得更加复杂。

数据安全和数据交换等方面的规定可以表现为多种形式。当然,这些政策反映了公司对安全问题的高度关注和对无处不在的恶意软件的恐惧。在有些公司,如果来访者想做演示,那么首先需要通过手机收到一个特殊的密码登录访客网络,然后从该公司的内部网络下载程序到自己的计算机上,安装之后才能开始。在数据安全方面,公司的各种规定甚至更苛刻。我们来看看我先前合作过的一家全球投资公司。

作为咨询工作的一部分,我需要给这个客户发送一份PPT文件(请原谅我,我知道你正在想什么),但这个文件很大,有49MB(兆字节)。我被告知这是不可能的。该公司的数据安全系统禁止通过电子邮件传送这样的大文件。"那我该怎么办呢?"我问。他们先前肯定

常识工作法

处理过这样的问题，对吧？经过一番商议之后，他们的工作人员让我把这份PPT文件复制到内存卡上，然后通过普通信件的方式寄给他们。我照做了。大约一个星期后，该公司收到了我的平邮信件。

但又有一个问题。邮寄过去的内存卡没有正确加密，而按照这家投资公司的规定，任何员工都不得打开或下载附件。我补充一点，这是一份关于品牌推广的PPT文件；我再补充一点，这份文件是我而不是这家公司做的，所以根本不存在将该公司核心秘密泄露给全世界的风险。对了，他们还禁止使用多宝箱（Dropbox）等文件托管服务平台。后来，该公司给出了另外一个解决方案：为什么我不通过电子邮件把PPT发给他们呢？我提醒道，你们最初说不能通过电子邮件发送这种大文件。这个文件很大，显然超出了该公司的附件限制。不过这次工作人员告诉我，我可以先把这个大文件分为几个小文件，然后再逐一发送。

按照工作人员给出的办法，我把PPT文件分割成5MB的小文件，然后把前面5份发了过去。几秒钟后，我收到了一封自动回复邮件，紧接着又收到四封，邮件告诉我这种大小的文件是被禁止的。也就是说，我发出去的邮件，并没有送达收件人的邮箱。于是，我又把文件分割成3MB大小，并重新发送，邮件再次被拒收；我把它们分割成2MB大小，被拒收；分割成1MB，被拒收；我突然灵感一现，我把1MB大小的文件压缩至999KB（千字节）。这次，发送成功了。

这意味着等待我的将是漫长而又乏味的一天。你有没有试过把一个49MB的文件分割成大小不超过999KB的小文件？这意味着你要连续发送50封电子邮件。在接下来的两个小时里，我和同事就忙着做这件事，把大文件分割成小文件，然后逐一发送。好消息是，客户说他们收到邮件了；坏消息是，现在好像又有了另外一个麻烦。

收到邮件后，客户开始按照既有的顺序，将这些小文件合并成大文件，但有7封邮件不知所终。它们是太大了吗？是被病毒劫持了吗？很难说。但它们就是凭空消失了，所以我只好重新发送。

丢失的是第二批文件，但重新发送之后，客户表示仍没有收到。48小时后，有人跟我说了发送失败的原因。这7封邮件包含敏感词，所以被自动移除了。一封自动回复邮件显示："我们很遗憾地通知您，根据我们的政策，您发送的邮件中包含不恰当的语言内容。"这仿佛是对我的斥责。什么是不恰当的语言？能讲得更清楚一点吗？但除此之外，这封自动回复邮件什么也没说。这就好比你的妈妈紧抱着手臂说："如果你不知道，小家伙，我也不会告诉你的。"

我给这家投资公司的IT部门打电话，很快发现我的电话被转接到印度的一个外包部门。令人遗憾的是，该公司的员工保密规定禁止任何人插手该类事务。"但我不是该公司的员工。"我说，"我是供应商。""跟这个没关系。"对方说。显然，任何被标记出的不恰当的语言，都是对公司内部某人或某物的冒犯。

扭曲的语言现象

事情搞到现在，我感觉有些神经错乱了。对于那29张存在问题的幻灯片,我逐一查看,寻找任何可能的蛛丝马迹,但一无所获。你知道,我不过是在一家投资公司做一次PPT演示而已。至此,我已经说服客户就那7封丢失的邮件发起非正式调查。与此同时,我重新制作了每一张存在问题的幻灯片,然后再次发送给客户,不过这次我用的是传真机。顺便说一句,现在还存在传真机,你是不是觉得很神奇?三个星期后,该投资公司的内部调查小组告诉我,他们已经找到了那7封电子邮件发送失败的原因,其中所涉及的敏感词是"race""black""white""ban"(排序不分前后),也就是说,它们分别被机器误判为"种族""黑人""白人""禁止"。

如果断章取义(显然是如此),那么公司可能误认为,我会以某种方式引发一场种族骚乱。而真相是,这部分PPT文件讲的是该公司是否应考虑成为欧洲一级方程式的赞助商。你要知道,一级方程式是世界上规模最大的赛车运动,相当于美国的纳斯卡赛事。一级方程式赛车锦标赛的标准色中包括黑色和白色,而我在PPT文件提出的疑问是,如果换作其他颜色,会不会被禁止使用。

是的,你没看错,这家公司禁止使用"禁止"这个词。

"禁止"并不是公司(以及一些政府)试图消除的唯一词语。达维奥(Davio's)是一家意大利风味牛排餐厅连锁公司,分店遍及美国各地。该公司首席执行官史蒂夫·德菲利波就擅自决定禁止使用"员工"一词。[4] 原因很简单,他不喜欢这个词,并声称这样做可以更好地激励团队。苹果公司也规定了门店的禁用词,比如,你不能说计算机"死机"了,只能说它"停止响应"了;你的软件不存在"缺陷",只

第七章
阴影里潜伏的规则

能说它有一个"问题",出现了一种"状况"或"情况";即便你的笔记本电脑已经热到要蹿出火苗的程度,苹果公司也不会说它的产品存在"散热"问题,而只能说"散温"。[5] 留着跟消防员说吧!

这种扭曲的语言现象在政府中也越来越常见。举例来说,在美国疾病控制与预防中心,员工被告知避免使用某些特定词或用语,比如"胎儿""变性人""基于证据的""基于科学的"等。[6] 美国环境保护局不再在其网站上提及"气候变化",而它的科学家也不再被允许发表有关该议题的科学研究。

与消除词汇相对照的是,我们的劳动人口在职业头衔上搞出了很多变体,略微伪装一下,就给人一种还不错的感觉。在过去的两年里,我整理了一个新的职位清单。这个清单上的职位,我一开始根本搞不清是干什么的。比如,有一家公司雇了一名"光学照明增强师"来清洗办公室窗户,我认为这就是窗户清洁工;在另外一家公司,人力资源部的某个人提到了他们的"第一印象总监",我猜这是前台接待员的另一种称谓;我还听过饮料分发官(酒吧侍者)、市场交易与保护执行经理(市场营销助理)之类的头衔。几乎可以肯定地讲,一个人的职业头衔越长、越复杂,他所在的这家组织就越官僚化、越缺乏常识。

如果不谈上卫生间的问题,那么安全这个话题是不完整的。我曾经给一家全球公司做咨询顾问,其在印度以及其他地区的办事处均规定,员工上卫生间时要"打卡"。这家公司为员工提供"长达"两分钟的上卫生间时间,每天两次;如果有员工超出了这一慷慨时限,经理就会收到提示信息,而该员工的出勤记录钟也会因此而有微妙调整。

常识工作法

这种做法跟追踪员工上卫生间时间的挪威保险公司 DNB 如出一辙。在 DNB，如果员工 8 分钟内还没有回到座位上，那么该员工的经理就会收到闪光警报，提示有人在滥用上卫生间的时间。[7] 对此，挪威工会惊诧不已。

不过，这些都不能与公司中出现的一种无法言说的卫生间新现象相比，即在访客上卫生间的问题上，有些公司显得焦虑不安。我就遇到过这种情况，尽管只有一次，但至今难忘。按照这家公司的规定，访客上卫生间是要全程陪同的；当然，这里所说的访客就是我。

他们不告诉你去卫生间怎么走，也不给你指路。他们不领着你去，也不会笑着低声说："沿着走廊走，第一个路口左转。"我要说的是，他们真的会派一个人跟着你去卫生间。

在这件事发生之前的几分钟，我在一间会议室，和我在一起的还有该公司的 17 名高管。我讲完了长达三个小时的 PPT，而客户的 PPT 演示也已经进行了一半。我悄悄地溜出会议室，想赶紧去一趟卫生间。至少我觉得我很小心，应该没有人注意到。就在我走向卫生间的时候，我听到身后传来急促的脚步声，回头一看，是我的客户。"马上就回来。"我说，"我偷溜出来去趟卫生间。"但她一直跟着我。"你不是在做 PPT 演示吗？"我回过头来问。"是的。"她说，"但我不能让你一个人去卫生间。"

我得补充一句，我们两个人走在一条看不到尽头的走廊上，两侧是数百间会议室，一间接着一间，我真搞不明白她为什么跟着我。难道我需要别人帮我拉拉链吗？还是要提醒我便后洗手？卫生间的隔间里藏着坏人吗？

"等一下。"我说，"我们彼此信任，对吧？"

"当然。"她说，"但我的同事……"她欲言又止，表示如果不陪我去卫生间，她可能会被同事举报。"这是我听过的最奇怪的规定。"我说，同时想，这也是我见过的最奇怪的公司之一。当然，这句话没有说出来。总之，我们两个人一起，就像是狱警押着犯人一样，一路无言，穿行在长长的走廊上。终于走到了卫生间。在我走进去而卫生间门将要关闭之时，我瞥见她仍在外面等待。我承认我有些着急。之后，她和我一起，原路返回。

在回到会议室时，我们发现每个人都在玩手机。看来，不想让别人知道我偷偷溜出去上卫生间的努力是徒劳的。

不知何故，在现代企业里，连上卫生间这样的事情都远离常识了。

第八章

企业界的恐惧与憎恶

作为一名咨询顾问，我服务过世界各地的许多金融机构。两年前，在为斯堪的纳维亚的一家机构提供服务时，一位资深银行家问我能不能抽空一起聊聊。我真的想知道这家公司的秘密吗？我们去了他的办公室，我关上门，他开始讲。

他告诉我，几个月前，他把家中孩子画的一幅艺术作品挂在了办公室墙上。画是用蜡笔画的，上面有一条狗和一列火车（也可能是一匹马和一列火车，总之难以辨认）。有一次出差多日后，这位银行家周一一大早赶到办公室，却发现孩子的画作上多了一张告示，告示文字还是用表示紧急状态的红色加粗字体写的：您违反了集团政策。办公桌上的所有物品必须保持整洁；在离开办公室前，个人及与工作相关物品必须安全地存放在办公桌内。请今后确保遵守集团政策。

这位银行家被激怒了，但同时也充满了疑惑。

这家公司这样做，可能的理由是什么？展示孩子的绘画作品会成为诱导性毒品，进而把员工引向更上瘾、更具致幻性的毒品吗？消防员裸体日历、在海滩交配的小矮种马，这些难道不是隐私权的问题吗？在一个以稳重和谨慎而著称的行业里，在办公室墙上挂一幅孩子的画作，会被视为一种轻率行为吗？

在同人力资源部的人谈起这件事时，我发现该公司根本没有任何禁止在办公室悬挂个人画作的规定。但问题是，在该银行工作的每一个人都认为存在这样的规定，久而久之，它就成了非正式的公司制度。更奇怪的是，很多认为这一规定很荒谬的员工告诉我："我知道这个规定，不过从未核实过。"而那些以为这一规定确实存在的员工则说："真好笑，这怎么可能不是真的呢？不过我不想说什么。"

令人诧异的是，那些常识都是被怎么绕过去的。

在为这家银行提供咨询服务期间，我还遇上了另外一个问题。起因是一名富裕的老年女性客户忘了支付月账户管理费。她是这家银行几十年的老客户，名下有多个账户。由于这一疏忽，该银行拒付了她的6张支票。补充一句，这些付款直接关系到她举办的70岁生日派对，结果让她在富人朋友圈里丢了面子。当然，银行也可以说这名女性是个骗子。

这不是我第一次听说这样的故事，但是，对于公司的一个近40年的老客户，而且是70岁的客户，这家银行所应具备的常识都去了哪里？在这件事情上，银行就不做任何考虑吗？冻结客户的账户，这是要传递什么样的"客户关怀"信息？

常识工作法

合规部门永远不同意，法务部门肯定会拒绝

在世界各地，"合规"已经成为维持现状和确保组织处于合适位置的借口。什么都不做，任何常识也不关心。同法务一样，合规已经成为组织中缺乏变革或创新的替罪羊。正如人们所说，合规部门永远都不会同意，而法务部门肯定会拒绝。合规是披着华丽外衣的各种愚蠢的规章制度中的一员，我们只是本能地遵循，甚至从未想过它们是什么以及它们为什么会存在，因为我们太害怕违规的后果了。从这方面讲，恐惧情绪弥漫于整个组织。员工越害怕犯错，恐惧心理就越容易滋生和聚积，久而久之，他们就会变得高度警觉。真的有人想要冒险或被当成傻子吗？真的有人想要丢脸或被惩罚吗？真的有人想要丢掉工作或失去声誉吗？

毕竟，我们总是习惯性地忽略其他"法律"。比如，在佛罗里达州的盖恩斯维尔，现在仍有一条法律明文规定，除了用手，以其他任何方式吃炸鸡都是违法的。在亚拉巴马州，星期天打牌是违法的。在加利福尼亚州的卡梅尔，女性的鞋跟高于 2 英寸、鞋底少于 1 平方英寸（约 6.5 平方厘米）的鞋子是违法的。这显然是因为，女性穿细高跟鞋，过尖的鞋跟容易被人行道上的裂缝卡住，这样人就会摔倒，可能出现脑震荡的情况，进而导致市政府被投诉。在佐治亚州，如果儿童未满 12 岁，是不允许父母把他们送到马戏团的，这意味着你年幼的儿子或女儿是被禁止从事小丑、柔术演员或空中飞人的工作的。[1]这不公平！

第八章
企业界的恐惧与憎恶

组织也是如此。有些来历不明的既定规则，纯粹是为遵循而遵循，几乎没有任何一个人知道那些规则是如何产生的，因为组织很少会建立涵盖所有政策的中央数据库。与此同时，你如果违反了公司规则，那么就可能会受到纪律处分，甚至还有可能被开除。（在当今世界，你永远都不会因遵守或执行规则而被解雇。）这就好比赤脚走在沙滩上，你知道脚下埋着无数尚未爆炸的地雷，没有人知道这些地雷的确切位置。但每个人都同意的是，你必须当心脚下。

合规滋生恐惧，并会让人们远离常识。此外，这种建立在恐惧之上的文化只会阻碍进步和创新。是的，经理人的存在是有正当理由的，他们确保员工对时间表、预算、生产率和关键绩效指标等负起责任。在这方面，他们通常会以惩罚相威胁。但真相是，当大脑被恐惧和焦虑占据时，我们就无法发挥出最佳水平，反而会表现得很糟糕。只有在感到"心理安全"的环境里，我们才能发挥出更好的水平。

在2014年的一次TED演讲中，哈佛大学一位教授就心理安全给出了一个简洁的定义。埃米·埃德蒙森说："心理安全是一种信念，即人们知道他们不会因自己提出的想法、问题和关切或所犯的错误而受到惩罚或羞辱。"[2]在商业世界，这意味着一种文化：人人都可以坦诚、透明地讲出日常工作中的问题，而不用担心受到惩罚或报复。《哈佛商业评论》对此做了进一步阐释，认为"心理安全环境不仅可以帮助组织避免灾难性错误，还可以为学习和创新提供支持"[3]。

这对谷歌来说并不是什么新闻。2012年，这家公司发起"亚里士多德项目"（Project Aristotle），他们对 180 个团队进行了分析，以确定为什么有的团队会成功而有的会失败。[4] 在制作了大量图表和进行了数千小时的分析之后，项目团队仍未找到答案。后来，他们碰巧发现了埃德蒙森的研究成果。埃德蒙森说，在一个心理安全的工作场所，"团队成员有信心认为，他们不会因为讲真话而被搞得难堪，也不会因为讲真话而被排挤或受到惩罚……在心理安全的团队环境中，成员之间相互信任、彼此尊重，并乐于展现真实的自我"。正如《纽约时报》所总结的，"谷歌的数据表明，心理安全对团队合作来说至关重要"[5]。在一定程度上，合规法律恰恰产生了相反的效果。

平心而论，企业都有控制和流程系统，而且在通常情况下，它们是符合客户、公司和所有者的最佳利益的。对金融和银行业来说，合规至关重要。作为一种内部监督机制，合规可以确保机构遵循行业的规章制度和政府的法律法规。除了密切关注可能的洗钱和逃税行为，合规还有助于消除银行或经纪公司未来可能承担的任何责任。随着并购活动的大幅增加，合规问题也变得越来越复杂。如果一个合规部门过于拥挤，那么就把它同另一个合规部门合并起来，以此类推，最终创造出一个彻头彻尾的"蛇窝"。不幸的是，合规和法务部门几乎把公司业务变成了它们自己的业务，并通过其所掌握的批准和否决权来证明自身的存在，而在此过程中，任何创新（或常识）都会在第一时间被扼杀。

金融业的限制尤为严格。这些都与计算机安全有关：没有计算机端口，没有便携性，不允许传输附件，绝对禁止与外网连接。早在新冠疫情暴发之前，当人们可以选择远程工作时，我知道有一家公司就采取了零容忍政策，禁止员工居家办公。因此，一位定期去看医生的员工，经常为此不得不请一整天的假。这家公司并没有意识到，有些特定的工作实际上完全可以在家处理，而且保证安全，比如状态会议、报告、调研和管理等。如果公司从合乎常识而不是诉讼的角度来分析，那么把远程办公写入公司政策将是多么容易的事情啊！

（我知道有一家全球投资银行曾出台了一项政策，警告客户说他们将开展反洗钱调查，这有点像给你隔壁的飞贼发短信，让他们赶快带上珠宝逃跑，因为警察正在开展抓捕行动。）

同样是在这家全球投资银行，员工被告知，使用任何云系统讨论内部政策问题都将受到纪律处分。但你要让人们知道，他们是否在用云系统，毕竟他们不是技术专家。一方面，公司因员工缺乏专业数字技能而惩罚他们；另一方面，公司又威吓他们说，如果违反内部政策就开除他们。结果呢？组织陷入瘫痪。

这家银行还制定了一项缺乏常识的邮件政策。如果你要寄东西到公司办公室，那么包裹上必须要有收件人的地址。这是完全没有道理的，因为包裹还要装到联邦快递的厚纸箱里。如果包裹是装在联邦快递的厚纸箱里，那么地址印在哪里又有什么关系呢？

这家银行的另外一项规定可以说是愚蠢至极。如果你在某一特定部门工作，那么在客户率先联系你之前，你是不允许联系客户的。设想一下，你注意到客户的信用卡突然被西班牙南部地区的赌场和游艇俱乐部划走了数千美元，而这位客户通常只在亚马逊和苹果公司消

常识工作法

费，你知道她的信用卡被盗刷了，而且毫无疑问，她的信用卡公司已经和她联系过了。但这时，你却不能联系她！你能够做的，就是和你们部门之外的同事联系，让这名同事给客户打电话，告诉客户给你回电。更糟糕的是，对于那些缺乏常识的政策，一旦在公司内部被树为典型，制定者会承认这是一项失败的政策，欠缺考虑，但同时也会说，他"没有时间"废除这项政策。换句话说，废除一项不合常识的政策，通常比实施一项不合常识的政策要难得多。为什么？因为公司里的每个人都担心，如果某项政策废除，工作出了差错，那么他们就会成为被指责的对象。组织对常识的无视程度，就像是被催眠师催眠了似的，而最终结果，就是眼睁睁地看着火车失事。

我们来看一个非常糟糕的例子。这件事发生在印度，当时我正和雀巢在当地的办事处合作，帮助该公司重新设计婴儿配方食品的包装。我很快就发现，在印度，诸如雀巢之类的公司在推出新产品后，如果遭到起诉，那么公司首席财务官和法务团队将承担所有的财务损失。是的，个人承担！

这意味着如果一个婴儿吃了雀巢的婴儿配方食品而生病，父母起诉雀巢并赢得诉讼，那么因赔偿款破产的可能不是雀巢而是其高层管理人员。虽然雀巢印度公司长期致力于通过创新产品来扩大市场，但事实上，95%的新想法都被否决了。想一想，这又有什么奇怪的呢？

对于时下围绕安全问题产生的官僚主义癔症，"合规"也是负有责任的。

安全高于一切

很少有什么流行语比"安全"更能引起组织内外的恐惧,这一点在新冠疫情暴发之后表现得尤为明显。如今,这个词甚至已经悄悄潜入我们的问候和道别语中,"路上注意安全""祝一路平安",而不再说"祝旅程愉快""好好享受今天的大好时光"!说真的,我和公司员工没完没了地讨论过一些问题:我应该把杯子放在桌子的什么地方(否则水可能会溅出来,沿着桌沿滴落,这有可能影响电力系统,进而引发火灾);为什么我应该用两只手而不是一只手托着笔记本电脑;为什么下班后单独待在办公室是不安全的;等等。这让每个人都意识到,他们在任何情况下都处于危险之中,而无论做什么,安全问题都会断送他们的回旋余地。

我服务过一家《财富》100强公司,它甚至把"安全高于一切"作为标语,并用加粗字体写在了墙上。在公司,除非先戴上护目镜,否则你是不允许使用订书机的。我后来发现,安全也是公司高管不知道如何当面拒绝你的一个借口。

在每一次开会前——是的,每一次——都会有一名代表用7~10分钟的时间宣读公司的安全条例。这名代表告诉我所有入口和出口的位置,以及在遭遇火灾时所应采取的措施等。无论何时,只要是上下楼梯,我都会被提醒要抓紧扶手。当然,乘坐电梯时不用,但万一电梯失灵,那么……

真的吗?这是开玩笑,对吧?肯定是的。我一动不动地坐在那里，等着旁边的人把它化解为无伤大雅的笑话。"呵呵，你是个天真的丹麦人！"但他们面无表情。在这家公司，安全文化是根深蒂固的。有一天，我的一位同事在去机场的路上跟该公司的高管通电话。突然间，她听到这位高管说："你现在是在机动车上，开着免提功能，对吗？"我的同事笑着说："是的。"可真让人崩溃！这时，电话那头的高管异常严肃地告诉她，按照公司安全条例，会议期间是不允许使用电话免提的。"现在就把车停下。"他命令道。我的同事别无选择，只得把车停在应急车道上，并在那里一直待到会议结束，而在这期间，再也没有一个人关心过她的安全。

在壳牌石油的一次会议上，安全这个话题被再次提起。会议当天，我早早来到了这家公司设在苏格兰阿伯丁的办事处。现在，员工在海上钻井平台工作时必须格外小心，但该公司对安全的高度关注已经延伸和渗透到了陆上生活。我坐在那里等待时，一名前台接待员走上前来问："我们所有的安全条例你都看过了吗？""条例？"我笑着说，"什么条例？"我来这里的唯一原因就是开会——开一个小时的会。但这个解释似乎没有起到作用。她递给了我厚厚一摞资料和一支笔，然后告诉我要看这些条例，而且还要填写问卷，以此确定我是否真正搞懂了。

在这些公司，安全和楼梯之间有什么关系呢？我想。我曾经被告知，上楼梯的时候要抓紧扶手，要看好脚下台阶，同时要记得每隔三秒就抬头看一下，以免和下楼的人撞到一起。我曾经被告知，走路的时候不要拿着玻璃水杯，这是因为水杯掉到地上会摔碎甚至爆裂，

第八章
企业界的恐惧与憎恶

进而有可能导致我受伤。出于这一考虑，我必须使用纸杯。我曾经被告知，打开员工冰箱的储藏室取午餐时，无论如何都不能钻到冰箱里。拜托，我都不在你们那里工作！

没错，我们每个人都支持合理的安全防范措施，但常识什么时候从这一图景中消失了，取而代之的则是"公事公办"的思维和集体无意识？问题的解决方案难道不是显而易见的吗？至少在我看来是这样。

比如，在与马士基合作时，这家公司正面临着新的威胁，因为包括亚马逊在内的响应速度更快的竞争对手已经开始进入并有可能改变航运业。要知道这个行业是如何运作的，你可以设想一下：你是一家大型汽车制造商，需要将15000辆汽车从欧洲或日本的某个地方运送到美国南部地区的某个港口。从整个行业来看，运作方式大致如下：

你向轮船运营商提交请求，并协商运费。如果有特殊的费率申请，你的请求将会由多个部门审核。集装箱里装的是什么？总共有多少个集装箱？需要提货装柜吗？除此之外，还涉及货物、货物税、海关检查和清关，以及与运输系统持续沟通的问题等。要知道，每个国家都有着复杂而又神秘的法律和官僚制度。另外就是航运业中普遍存在的"超额订舱"现象。

与超额订舱最相近的一个类比，是航空公司的超额预售。在出现超额预售的情况下，航空公司会为同意乘坐下一趟航班的乘客提供现金礼券。但在航运业，超额订舱的后果要比超额预售严重得多。

全球航运价格是持续变动的，需要把货物从一个港口运往另一个港口的公司通常会向多个承运人下订单。在发货前的最后一刻，如果有其他承运人开出的价格优于先前约定的承运人，那么该公司就可以取消订单，进而选择费用更低的承运人，而这样做并不会产生任何法律或财务责任。也就是说，航运公司永远都无从确定已排程的货物订单是否真的会出现。让一艘半空的船离开码头在财务上是不可持续的。承运人之所以选择超额订舱，也是没办法的办法。假设你是宜家家居或家得宝公司，遇上了超额订舱的问题，那么你的这批货物将无法出现在原定的船上。如此一来，你只能在码头等待尚有运送空间的船只。在货物最终装船之后，其终点站可能是埃塞俄比亚或阿姆斯特丹，而不是原本要运送到的旧金山或其他地方。

我常常向公司介绍思想实验这个方法：你能用一种新的方式把这两个想法结合到一起吗？把两个截然不同的想法结合到一起，未必就会产生开创性的想法，但可以让每个人都以一种不同的方式思考他们的日常工作。总之，这样的练习是可以激发创造性思维的。

相应地，我让员工去考虑其他行业的人是如何看待这个世界的，以及他们能否把这个视角应用到自己的业务中。不可否认，这就好比让你在雪地里骑自行车或在海上打网球，这样做原本是没有意义的，但并不意味它就无法开拓公司的视野。

比如，如果家乐氏（全球谷物早餐和零食制造商）被苹果收购了，它会是什么样子？如果金宝汤公司（Campbell's Soup）被脸书收购了，它会是什么样子？如果优步收购了马士基或马士基收购了优步，又会是什么样子？常识真的能应用于主要行业吗？

第八章
企业界的恐惧与憎恶

假设马士基两年前收购了优步，让我告诉你接下来会发生什么。当然，这适用于任何一家全球性航运公司。你可以通过手机应用预约一辆车，送你去机场赶飞机。但在这辆车到达之前，你必须接受并签署长达 100 页的免责声明。这样一来，一个小时就过去了。然后，你还必须同意该公司的条款和条件，并填写 76 页的安全许可表格。之后，你会被要求完成一项客户服务满意度调查表。至此，你早已错过了预订的航班以及下一趟航班，但预约的车还没有出现。左等右等，车终于到了，但价格比你在手机应用下单时多了 20 美元。（汽油价格在一个小时前刚刚上涨，而这是任何人都无法控制的因素。）

在赶往机场的路上，司机命令你下车，因为他要为另一名携带更多行李且愿意支付更高价格的乘客腾出位置。如果你足够幸运，另外一辆车可能会把你接上，但无法保证会把你送到机场，它可能会把你拉到动物园或湖边。

我们反过来看，假设优步收购了马士基或其他航运公司，那么运输安排可能会就变得简单多了。

当我们在马士基完成这项思想实验时，公司员工意识到他们这个行业的行动是多么迟缓，又是多么令人崩溃。正如马士基负责企业传播的副总裁梅特·雷夫绍格最近跟我说的一样，"在其他大多数行业中，人们习以为常的事情在集装箱行业并不存在——除了多种系统，还有很多可用手持设备操作的模拟流程。我们的目标是为客户打造无缝的物流服务体验，我们希望这能够给整个行业带来巨大变革"。

常识工作法

这家公司的新愿景随之更新为"连接和简化"。在马士基下订单，整个流程要足够简单，简单到连小孩子都能理解（当然，得是非常聪明的孩子）。马士基能否最大限度地减少客户必须操作的步骤？能。马士基会在航运业掀起一场革命吗？会。在面对可能的颠覆者时，马士基会有更充分的准备吗？会。

今天，马士基的愿景是"全球集装箱物流集成商——连接和简化客户供应链"，这意味着你如果是一个客户，想从某个工厂购买货物，那么马士基会到工厂把货物拉到码头，装上船，运送到目的地港口，然后装上卡车，运至当地仓库。在整个流程中，你随时随地都可以掌握物流信息。这听起来很简单，似乎平淡无奇，但在货运行业，这相当于一次重大变革，甚至可以称得上是革命。

全球集成商战略看似简单，但深究背后，却远非如此。将一个承诺无缝协作的战略植根于公司的理念体系中，最佳方法是什么？在旧金山一家酒店的房间里跟马士基的员工讨论了三天之后，我们想出了一个制胜概念，至少我们认为是这样的。

接下来，马士基将在其旗下一艘巨轮上举办接力赛。这项活动会让这家全球组织更加紧密地团结起来，强化公司凝聚力，并在同事之间建立起良好的情谊。对马士基日复一日的运营来说，这场接力赛也是一个理想的隐喻。我提议在马士基的油轮上画一条跑道，公司各部门的员工轮流上场跑，并传递接力棒。在此期间，一架直升机从船舶上空拍摄整个过程：先是近距离特写，然后慢慢把镜头拉远，拍摄出在大洋巨轮上举办接力赛的场景。

在马士基，每个人都跟我说他们喜欢这个创意，而公司高层也表示赞同，并敲定了此事。

但两天后，在一次电话会议上，马士基的人告诉我说这个方案存在问题。显然，从船舶上空是无法拍摄到正常画面的，因为甲板上的景象变化多端，有些区域甚至都看不到。从投资回报来看，这样的花费不值得。

但这个创意并未就此束之高阁。我们不再决定在真实船舶上拍摄接力赛，而是向优秀员工分发实实在在的接力棒。每一根接力棒上面都装有全球定位系统追踪器，这样一来，我们就可以追踪常识在世界各地的传播了。

每当员工或部门开展跨职能协作，以支持马士基的全球集成商战略时，他们就会获得公司奖励，而这个奖品就是接力棒。这既是他们个人的接力棒，也是公司每一个人的接力棒。马士基的成功故事不断积累、增多；员工不断受到鼓励，获得赞扬，得到荣誉。

不必要的规则无处不在

在美国国内，乘坐私人飞机为什么不强制安检？你付的机票钱越多，就越不可能是恐怖分子吗？为什么乘坐飞机要经过严格的安检程序，而乘坐火车或轮船则不必？为什么有些人不需要过安检机器？（有一次在机场，我就听到美国运输安全管理局的安检人员大声说："75岁及以上年龄的乘客不需要脱鞋。"为什么？因为这个世界上就没有上年纪的恐怖分子吗？是因为恐怖分子到了75岁就退休吗？答案其实很简单，是因为"规则"。）同样，为什么在新冠疫情暴发之初，美国运输安全管理局允许航空乘客携带12盎司（约355毫升）的消毒洗手液，而对于其他液体和凝胶，仍维持长期以来的3.4盎司（约100毫升）的限定标准？

为什么在澳大利亚开设银行账户、在瑞士买衬衫或在加拿大旅行堪称磨难？让我来解释一下。

几年前，我在澳大利亚生活了半年，这也是我第一次从丹麦搬到澳大利亚。当时我服务于一家知名的广告公司——天联广告。因为这家公司是用支票付我薪水，所以我去了当地一家银行，准备开一个支票账户。我以为很快就会办好，但事实恰恰相反。

据我了解，澳大利亚有一个所谓的"100分系统"。这意味着如果客户想在银行开设一个账户，首先需要有100分的积分。我迷惑不解。"这是不是跟飞机常客积分一样？"我问一名客户服务代表。"不是这样的。"她笑着说。"那我怎样才能获得100分？"我又问。这名代表解释说，如果我持有护照，就会自动获得100分。"太好了！"我说，然后给她看了我的丹麦护照。她说："抱歉，这是其他国家的护照，这只能获得35分。"我说："好吧，那除此之外，还有什么证件可以用呢？"她说："哦，个人驾照可以获得70分。"我给她看了我的丹麦驾照。她说："抱歉，这是丹麦驾照，只能获得25分。"她又问我有没有带信用卡，并表示每张信用卡可以获得25分。我给她看了我的三张丹麦信用卡，她说："抱歉，这些信用卡每张只能获得5分。"

第八章
企业界的恐惧与憎恶

最后相加，我总共只有75分。"我怎么才能获得其他积分？"我问。她回复我说，我需要申请澳大利亚护照。"这很容易吗？"我问。"是的，但你首先得有100个积分。"她说。

这听起来是不是太复杂了？但与我曾经买衣服的经历相比，这根本不值一提。在瑞士苏黎世，我到一家名为格罗布斯（Globus）的百货商场购买新一季的夏装。我发现有件衬衫看起来不错，于是决定买两件。我走上前去问售货员。这是一名60多岁的妇女。她告诉我店里可以订货，而且还可以免费送到我住的酒店，但首先，我需要注册，并提供一些信息。"您看这没问题吧？您的电话号码是多少？"她说。其实，我在几年前就已经不用手机了。当我告诉她我没有手机号码时，她把脸沉了下来。"这样，恐怕我们就不能给您送货了。"她说。"您就不能直接填一个旧号码吗？"我问。

最终，她同意填写她办公室的电话，以便进行下一步。然后，她又问了我住址和邮编。"最后一个问题。"她说，"您多大了？"我告诉她我不想回答这个问题。"你多大了？"我脱口而出。她感觉到自己被冒犯了，"你为什么这么问？"她说。"因为我买两件衬衫，我就需要知道！"我跺着脚说。是不是想让送货员告诉我，我太老了，穿不了我刚挑选的这件衬衫？我的这件衬衫穿在27岁的人身上会更好看？（这一点倒是事实，虽然我不想承认，但还是得承认。）问我年龄就是为了这个？"我们只是需要知道而已。"她说。"但谁需要它呢？"我问。"系统。"她说。"但谁是系统，或者系统是什么？"我问。"我不知道。"她说。

常识工作法

就这么没完没了。2020年，在新冠疫情还没有让加拿大关闭国门时，我赶到洛杉矶国际机场，准备从那里飞往加拿大多伦多，然后再从多伦多飞往韩国首尔，终点站是泰国普吉岛，因为我要在那里做一次演讲，而且还要开几天会。全部飞行时间加起来总共29个小时。在到达航空公司柜台时，一名票务人员让我出示护照和"加拿大签证"。加拿大签证？什么加拿大签证？我曾无数次进出加拿大，都不需要加拿大签证，这个要求让我困惑不已。从什么时候开始，我或者其他任何人需要加拿大签证才能从加拿大机场转机？

我告诉她，我到多伦多的唯一目的就是转机去韩国。她说这没关系，飞加拿大的乘客都需要加拿大签证，这是新规定，两个月前开始实施的。"但怎么会有人知道呢？"我问。"在加拿大移民网站上有公布。"她回复说。当然，同大多数人一样，在休息的时候，再没有什么事情能比花几个小时浏览加拿大移民网站更让我开心的了。我怎么就没有注意到呢？

当我表示这是我第一次听到这样的规定，而且我还没有办理加拿大签证时，她告诉我，我不能登机。我慌了。"那么，我能申请加拿大签证吗？"我问，"就现在？"她说当然。通常而言，签证一般需要3~5天的时间才能办好，但我可能会成为幸运者。我提醒她，我飞往多伦多的那趟航班还有11分钟就起飞了。"你当然可以试试运气。"她说。

在候机室找了个座位坐下，我打开笔记本电脑，登录加拿大移民网站。一份表格跳了出来，它想知道我所有的信息：我的名字、我的

第八章
企业界的恐惧与憎恶

姓氏、我母亲的中间名、我母亲的出生地、我的身高、我眼睛的颜色，然后，它又让我填写过去5年里我去过的所有国家。

我不知道该从哪里开始填起。每年，我要去80个国家的230个城市。幸运的是，我的助理西涅之前帮我创建过一个包含差旅日期及路线在内的行程文件，她就是担心我会遇到这样的情况。但现在的问题是，我怎么才能把它剪切、复制到这份表格中。

现在距离飞机起飞还有8分钟。我确信我赶不上了，这意味着要取消接下来10天里的12项安排。"你所在时区的起飞时间是几点？"这是最后一个问题。不幸的是，地方选项即"太平洋标准时间"并没有出现在弹出的菜单里。现在怎么办？因为我在悉尼工作过很长时间，所以我选了"澳大利亚东部标准时间"，也就是明天下午。那份表格严厉地告诉我，我无法赶上"过去时"的飞机（实际是现在时或未来时）。与洛杉矶时区最近的是阿拉斯加夏令时，所以我选了这个选项。等待，继续等待，一条友好的信息出现了：我的加拿大签证申请可能需要几天的处理时间，请留意查看垃圾邮件文件夹。

现在距离飞机起飞还有4分钟。2分钟后，一条确认信息出现在我的垃圾邮件文件夹里。我把它拿给那名票务人员看，然后开始飞奔。在最后一刻，我赶上了飞机，也累瘫在了座位上。

法律、规则和条例……我们愿意相信它们的存在是有充分原因的，但当它们公然挑战我们的常识时则不然。在最开始为多切斯特精选酒店集团提供顾问服务时，这家豪华酒店运营商跟其他同行一样，也聘请了一家外部咨询公司，对所有的"服务时刻"即员工和客人之

常识工作法

间的接触点进行分析。这样的接触点加起来，总共有 100 个左右，其中也包括员工被鼓励展现"人性"的时刻。比如，在客人第一次走向前台时，要直视他们的眼睛 3 秒；要询问他们需不需要送报，但注意不要表现出任何宗教或政治倾向；在言语表达上，不要冒犯客人，也不要把某份报纸或某个机构凌驾于其他报纸或机构之上。

这意味着，不要因为你面前的一名女性看起来像是东海岸的自由派民主党人，就假定她每天早上都看《纽约时报》或《华盛顿邮报》。如果客人要求推荐餐厅，员工不得表现出任何偏爱或偏袒倾向，他们应当认可当地所有的餐厅，要对客人微笑 4 秒，同时扫视并记下客人的选择。好吧，我是有一点夸张，但事实上，我真的夸张了吗？

按照这些接触点，该咨询公司专注于记分卡分析，寻找员工工作不到位的地方，比如注视客人 5 秒，而不是 4 秒，或者忘记告诉客人客房服务事项等，并据此扣减分数。如果说这还不足以让大多数员工抓狂，该公司还聘请了"神秘客人"，通过乔装身份评估酒店员工的服务水平：这名员工的微笑时间是否足够长？她是不是笑得太多，以至让人感到毛骨悚然？她有没有过问行李的事情？客人是否需要延迟退房？等等。

这些都会成为评分依据，比如某名员工的得分是 72 分（总分 100 分），他们原本就不高的薪水，还要因此而被扣罚。不用说，多切斯特精选酒店集团的员工文化多少有点紧张。

最终，多切斯特精选酒店集团解除了与该咨询公司的合作合同，并停用了那份无休止的核查清单。它打击了员工士气，削弱了公司文化，并在员工和客人之间制造了隔阂，完全成了遵循常识道路上的绊脚石。这就像我安排商务午餐时经常遇到的情况一样。纯粹是为了好玩儿，让我们把目光转回第二章中提到的那家餐厅，也就是把我们的餐桌安排到距离卫生间6英寸的地方的那家餐厅。

这一次，你和你的同事被带到一个靠窗的位置。一名服务员走上前来，自我介绍说他叫斯科特。你们点了饮料，而在斯科特送来饮料时，他又花了几分钟的时间跟你们讲了午餐的特色菜。我们每个人都下了单，斯科特说他马上照办。

20分钟后，就在你们进行非常严肃的小组讨论期间，斯科特端上了菜。在摆好碗盘之后，他又花时间详细介绍了各个菜品以及厨房的精心准备工作。"请慢用！"斯科特说。

从我的角度看，这显然是商务人士的商务午餐会。这就是为什么当斯科特绕回来说"我只是过来看看，确保一切都没问题……"时，你们不是告诉他服务已经够好了，而是怒视他，还有两个人看起来要发火。斯科特似乎并没有注意到这些。事实上，他之后又绕过来好几次，一是给杯子加水，并问是否还需要更多面包，二是他习惯说的，"我只是过来看看"。最后，他清走了盘子，但过了几分钟之后，他又过来问是否需要咖啡、茶或甜点。哦，这里还有特制的甜点呢！

在这里，我要澄清一点：这些并不是斯科特的错。他很擅长这份工作，他很细心，会留意你的需求，是一名优秀的服务员。但他遵循的是一套标准规程，这可能来自餐厅的培训手册，上面列有明确的服务步骤，可以确保最高的服务质量以及最多的小费。

不过，很明显的一点，至少在我看来是很明显的，就是你和你的同事希望能在这里安静的谈话，而不被打扰。面对一桌子的商务人士，难道服务员就不能偶尔变通一下吗？比如，他可以说："我看得出你们正在开会。如果你们需要什么，随时喊我，我就在餐厅的后面，很乐意为诸位效劳。"

如果在商务午餐期间，有餐厅服务员为我提供这样一个合乎常识的选项，那么我愿意毕生都在这家餐厅用餐。

法律法规和合规制度在我们这个社会中是根深蒂固的，而且已经严重影响了我们的思维和行为，以至我们都快认不出它们了。更糟糕的是，"他们说什么我就做什么"的心态已经传给了我们的下一代，而我们的下一代又将会传给他们的下一代，最终污染整个商业生态系统。

看，就是这么简单：如果某件事没有意义，或者违背你的直觉，那就说出来，最坏的情况无非就是你旁边的人抬头看着你说："我也是这么想的。"如此一来，当你旁边的这个人遇到类似的情况时，他可能也会成为那个站出来的人，摇着头，大声说："你知道，这没有任何意义。"而这句话，在他身边的每一个人都清楚地听到了。

第八章
企业界的恐惧与憎恶

第九章

抛弃过去的
愚蠢行为

我认为每一代人都会经历至少一场重大的历史性危机，而这一事件对这一代人未来的习惯、本能和行为将会产生长期影响。对我的父母来说，这个重大事件是第二次世界大战，而对我的祖父母来说，则是第一次世界大战的结束。今天，你、我以及其他人都可以在日记中写下或告诉我们的孙辈子女，我们经受住了一场全球性大流行病的考验。这场疫情的影响至今依然存在，而其所造成的灾难损失也仍在计算之中。这种经历不仅会影响我们未来所做的选择，而且也会影响我们看待世界的方式。

如果达尔文所说的"最强大的物种是那些最具适应力的物种"是真的，那么我们期望在工作场所看到哪些变化，而这些变化又将如何影响常识，无论是以积极还是消极的方式？

在这里，我要说一些坏消息，当然也有好消息。千万不要相信大流行病造成的破坏会让我们这个世界在一夜之间恢复常识。事实上，我可以非常肯定地讲，复杂的人际关系、繁文缛节和各种荒谬的官僚主义行为已经开始侵入你的办公室、卧室以及其他任何与 Zoom 会议相关的地方，比如 Zoom 账户、Zoom 衣橱和 Zoom 书架等。所谓的改变，只不过是一切照旧。

在新冠疫情暴发两周之后，一个很明显的事实是，我们再也不能像先前那样工作、互动或聚会了。若干年后，当新冠疫情成为一段模糊的记忆时，我们中的很多人仍会在日常生活中保持谨小慎微的心态。如果因为某种原因，我们外出时没有携带一小瓶消毒凝胶（事实上，我预计航空业商务旅行乘客的数量最终将会减半），我们就会像婴儿找不到安抚奶嘴一样恐慌。在员工居家办公几周之后，企业领导人就被那些明显提升效率和大幅缩减成本的论断所吸引。站在员工的角度看，工作和家庭之间通常存在的那条界限消失了，而这原本是保护他们的情感生活免受工作压力影响的界限。这是因为，官僚主义已经通过庞大的在线渠道延伸到了他们的家中或公寓里。

尽管如此，我还是倾向于用乐观的眼光看待后疫情时代的世界。我们工作方式的变化以及大多数人已经建立起来的新规程，至少为我们创造了一个机会。换句话说，抛弃过去的愚蠢行为，重新设定工作规程，消除真正的低效率，恢复我们日常生活中的常识，还有比现在更好的时机吗？

千里之行，始于足下；而现在行动，正当其时。

五步回归常识

每当为公司提供有关未来的建议时，我都会告诉它们的高管，他们需要采用"H2H"理论。所谓"H2H"就是"人对人"。他们的客户是人,而不是电子表格中的数字;同样,他们的员工也是人。(这听起来似乎非常明显,实则不然。)我的目标是逐步消除那些将公司和员工、公司和消费者隔离开来的壁垒,同时确定公司在转变视角——以局外人身份看待公司本身——时所面临的阻力。推动公司永远摒弃所谓的 B2B 或 B2C 理念,并用 H2H 取而代之。每当被问及这一问题时,我都会给出一个例子:想象一下,你的妻子通过你们公司签约的快递机构——联邦快递,将一个花瓶从洛杉矶寄到纽约,在离开加利福尼亚时,这个花瓶是完好无损的,但在两三天之后到达纽约时,它却成了 500 块碎片。作为经理,你负责选择工作场所的快递业务,你是否会受影响?不要告诉我你不会,你当然会。

我的总体任务是什么?通过他们的常识、同理心和人性,把公司和员工紧密地团结起来。以下是实现这一目标的 5 个步骤。

囚笼

"囚笼"听起来就像是 20 世纪 50 年代的黑白监狱题材影片,里面有一个趾高气扬的女狱警与一个遭受了不公平对待的小偷(在公司里,也可能是这样)。用"囚笼"这个词来描述公司,在大多数情况下也是非常恰当的,无论公司是否意识到了这一点。另据美国小型企业管理局 2018 年发布的统计数据,大约有 1/5 的创业公司会在第一年内破产,一半的创业公司会在 5 年内破产,只有 1/3 的公司能维持 10 年以上。而"囚笼"可能就是影响因素之一。[1] 在世界范围内，至少 50% 的公司处于危机之中，只是它们不知道而已。因此，我驻场的第一项工作并不是实施变革，而是激发变革需求。

在进一步探讨这个话题之前，我想先讲一讲我看过的一份研究报告——一份关于鸡的研究报告。

一个研究团队将一群小鸡分放到 4 个不同的笼子中，时间是 6 个月。在研究人员最终打开笼门，将鸡放出来时，原以为它们会冲出去寻找自由，但令人惊讶的是，这些鸡试探性地往前走了几步，很快又都退回到了笼子里。所谓"胜利大逃亡"就此告终。

在该项研究的第二部分，研究团队尝试如何将鸡引诱出笼子，让它们待在外面。研究人员认为，最好的方法是用玉米粒来吸引和奖赏它们。

他们把 4 个鸡笼子放置到一个较小的封闭区域内。两个笼子放在房间的一侧，另外两个笼子放在对面一侧，中间相隔大约 3 英尺。现在，他们应该把玉米粒放在什么地方呢？是放在房间的中央位置，也就是与 4 个笼子等距离的地方，还是放在笼子里呢？这些策略都没有起作用。那些鸡盯着房间中央位置的玉米粒，但就是不出笼子；至于放到笼子里的玉米粒，鸡啄着吃掉，但也仅此而已。最后，研究团队将玉米粒放到了距离笼子一两英寸的地方。很快，所有的鸡跑出了笼子，争相抢夺食物。就这样，目的达到了。

至少在我看来，这种所谓的"鸡笼综合征"说明小规模的、适度的改变确实有效。首席执行官喜欢谈论"全局"（比如，从现在开始，

10年后他们组织的发展情况），但说实话，谁会关心这些呢？平均而言，员工在一家公司供职的时间不超过5年，而即便是这一年限，通常也比首席执行官和首席财务官的服务年限长。如果首席执行官转而把重点放到公司未来一两年的发展方向上，情况会怎样？毕竟，这跟每个人的关系更密切一些。"鸡笼综合征"表明，合乎常识的改变最好是用小规模的、有形的、可立即生效的"制胜"步骤来推进。如果提议的变革规模过于宏大、想法过于大胆或者目标过于雄心勃勃，那么对未知的恐惧就会产生强大阻力。大多数公司及其员工都会抵制和抗拒这种变革，公司会依然故我，任何改变都不可能发生。

因此，在开始为一家组织提供服务时，我首先尝试去做的第一件事情就是激发组织内的变革需求。公司在哪些方面最缺乏常识？在哪些方面效率低得可笑？在哪些方面存在严重的职能重叠现象？在哪些方面被过多的规定和禁令困扰？正如我在前面提到的，为了解公司在变革问题上的阻力，我会选择跟员工坐下来面谈，而且是跟尽可能多的员工面谈。

在开展这些访谈期间，我通常会向坐在我面前的员工出示一系列图片，进行一般意义上的罗夏墨迹测试（Rorschach test）。在这些图片中，有一张图片显示一名男子被困在狭窄的墙体空隙中，一脸憔悴，看起来还患有幽闭恐惧症。另一张图片显示一对父母正冲着孩子大喊大叫，而且还做着手势。我问："在这些图片中，哪一张最能准确描述你在这里的工作感受？你认为哪张图片最适合代表这家公司？"如果父母冲着孩子大喊大叫并做手势的那张图片，被普遍认为可以描述

第九章
抛弃过去的愚蠢行为

公司存在的问题，那么我就会和员工讨论公司领导层在哪些方面存在失调问题以及如何改进这些问题。图片不仅能促进对话，还能展现和引出员工有时难以表达的情感。

我经常问的后续问题包括：在加入公司之后的前几个星期或前几个月里，你对这家公司的最初印象是什么？在刚被录用时，你希望实现什么目标或做出什么贡献？我也会询问公司内部变革方面的问题：你在这里做的这个项目成功了吗？成功或失败的原因是什么？我发现，就一项变革或倡议而言，发起人或发起团队往往会选择决定性的非常规路径。他们打破规则，勇于冒险，同时颠覆传统的思维模式。我把这些案例存档，因为我知道，在加快改变公司行为方面，它们作为模型可以发挥至关重要的作用。

两三个星期之后，真正的组织结构图就显示出来了，而在公司应该如何变革的问题上，我也有了一个生动的参照。

常识问题往往一下子就会蹦出来。当然，有时候公司不愿意考虑做出改变，即便是微小的改变或者显然需要做出的改变。在全球最大的塑料瓶制造商之一，我就遇到过这样的问题。

那是一次研讨会，我们讨论的主题是了解客户的重要性。其间，一位高管举手表示，她非常了解公司的消费者，这引发了一场关于全球塑料消费、气候变化以及环境破坏最主要因素的对话。令人惊讶的是，这位高管将责任完全推到了消费者身上。"如果人们想减少生活中的塑料，那么他们可以停止使用塑料瓶。"她说。

这让我非常受惊，于是，我请她解释一下她的这种想法。"你看，"

她说,"没有谁强迫任何人使用塑料瓶,我们在生活都是可以选择的。"我提醒她,这个世界的很多地方,水的供应是有限的,而在非洲和亚洲的一些地区,当地居民别无选择,只能用塑料瓶。"另外,那些用塑料分装的奶酪呢?"我说,"难道这也是消费者的错?""是的。"她说,"如果他们不想买那种包装的奶酪,那就别买。"

无论我怎么说或如何反驳,都无济于事。她坚定地认为,世界各地填埋场里堆着的和海洋里漂浮着的塑料完全都是由消费者造成的。我不这么认为。难道她没有看到她们公司在生产塑料,而且是大规模地生产吗?我的观点并没有对她产生任何影响。我们两个人对事物的看法是完全不同的。

这位高管这种罔顾事实的教条主义态度,显然已经成为常识的绊脚石,特别是在消费者关切的环境问题上。

让我们回到"囚笼"的概念上。我的目标是迫使公司从外到内而不是从内到外地审视自我。下面这些简单的活动有助于推动这一进程。

受工业设计师、作家艾谢·比尔塞尔的启发,在第一阶段,我把所有人聚集到一个房间里,给他们分发纸和笔,并要求他们给旁边的人画一幅肖像画。如果你觉得这很简单,那可能是因为你从未尝试过。画一个人的脸,需要你盯着她的脸看;当然,别人画你也一样。这种相互凝视的游戏创造了一种即时的共情纽带,尤其是在一个我们过度依赖手机而极少通过眼神进行交流的世界。员工交上来的画作通常惨不忍睹,每个人看起来都像海怪。当然,这并不是重点,该活动的目的是增进员工的同理心。

在第二阶段，我给每名员工配备了一部拍立得相机，并让他们拍下在公司里看到或体验到的任何有违常识的事物。比如，差旅费用需要长达两个月才能报销，或者呼叫中心对客户表示，客户需要填写6张不同的表格才能注销自己的信用卡。诸如此类的事情，都可以拍下来。之后，员工把这些照片贴到公司布告栏，并就相关问题配上简短说明，比如，客户需要填写6张表格，同时还要等三个星期，我们才会给她注销信用卡。

两个星期后，布告栏上可能已经贴了12张乃至更多的照片。我会对它们进行分类：有的归入"缺乏常识的应付款"，有的归入"缺乏常识的客户危机应对方法"，有的则归入"缺乏常识的差旅审批"。很快，你就会发现在公司的日常运营中，哪些方面是缺乏常识的。还记得我在前面提到的那个电视遥控器吗？如果记得，那么你还会回想起，公司内部遭遇的问题通常都会反映到外部现实中。

利用布告栏上的照片，我和管理层着手构建一家完美的理想公司。不过，在此之前，我告诉他们，我们首先必须解决布告栏上的常识问题。

正如我在前面所说的，公司需要了解客户和员工的痛点，无论这个问题是市场营销高管因公司迟迟不报销差旅费用而透支信用卡额度，还是酒店客人在出现严重时差反应时仍不得不跟前台工作人员闲谈。

一家理想的公司会如何处理这类问题呢？哪一个词可以概述公司

使命，并能清楚地定义公司宗旨呢？对沃尔沃来说，这个词是"安全"；对谷歌来说，它是"搜索"；对迪士尼来说，它是"魔力"；对多切斯特精选酒店集团来说，它是"标杆"；对马士基来说，它是"一键式"，意指该公司在与客户互动方面采取的革命性的新方法；对瑞士国际航空公司来说，它是"瑞士特点"；对凯茜·琦丝敦来说，它是"悠然"。

那么，在你的公司，这个词是什么呢？是"响应"、"酷"还是"人性化"？想出一个词，并公开使用这个词。如果你选择了"人性化"，那么在所有的场合以及每一个接触点都要展现人性，让人性指导公司所做的每一个决定和每一项倡议。在选择了这样一个词（最好具有一定的前瞻性）之后，你现在就得"更上一层楼"，改善工作环境，提升客户互动，同时全面授权，让员工不必时时、事事都等待审批。在理想的情况下，"人性化"会成为一个自我实现的预言。

简而言之，走出"囚笼"，展现人性。

勇气

你是否在学校、公司或市政大楼的楼道看到过红色的消防应急标志？显然，安装它们的目的是当发生火灾时，这些标志能引导你安全离开房间。但问题是，如果真的发生了火灾，红色的应急标志可能起不到应有的作用。房间起火后，很快就会被烟雾包围，慌忙之中，人们趴到地上，朝着最近的出口爬去。但出口在哪里呢？房间内浓烟滚滚，什么都看不见。那么，为什么要把应急标志安装在楼道里呢？要知道，如果人们被困在房间里，他们是不可能看到这些标志的。把应急标志安装在距离地板更近的地方岂不是更有意义吗？毕竟，这对人们逃离火灾现场更有帮助。在斯堪的纳维亚和日本，现在越来越多的公司已经开始这样做了。

是的，这就是它们的不同之处。这些公司有勇气挑战传统的安全概念，转而实施更合乎常识的策略。

第二步是勇气。在公司和员工开始推行一系列小规模变革之后，如果短时间内就取得了积极成效，那么勇气就有了。换句话说，在这个时候，鸡终于被引出了笼子。通常而言，这种情况会发生在我称之为"90天干预"期间。

注意，我没有说"5年干预"，甚至也没有说"1年干预"，是的，我说的是"90天"，相当于华尔街90天的季报收益计划。你要告诉公司如何改变。在这种情况下，大多数公司都会倾听你的意见，认为改变是必要的，结果也会是好的。问题在于，几个月之后，最初的热情就会不可避免地消退，它们意识到它们并不是真的想要改变，并会迅速回到默认心态。

所以，与其解释我想要帮它们做出哪些改变，不如建议它们直接采取行动。打个比方，设想在你第一次骑自行车之前，有人坚持让你读完82页的自行车手册，这可能对你一点帮助都没有。你要做的就是骑上自行车，摇晃，踩脚踏板，继续摇晃，摔倒，重新上车，骑几英尺，再次摔倒。只有到这时候，你才应该花时间阅读那本手册。

常识工作法

所谓"90天干预"策略，就是要在90天的时间内，以一种快速、准确而高效的方式完成工作。嘀嘀嗒嗒的时钟会为这一进程注入一种紧迫感，而这种紧迫感通常又会化解公司的办公室政治。依我个人经验来看，员工越忙于和越专注于实现目标，内部政治就越有可能消失。因为要在90天内实施一系列小规模变革，谁又有时间在同事背后嚼舌根或搞各种小动作呢？

要把勇气聚焦到小的、容易获取的胜利上，聚焦到那些所谓的"证据点"上，也就是全公司范围内的、可快速解决的常识性问题上，因为这会带来立竿见影的效果，让每个人都感到更轻松自在。比如，出台新的规定，取消电子邮件中的抄送和密送；再比如，如果同事的办公桌和你的办公桌相距不超过20英尺（约6米），那么你不能通过电话、电子邮件或短信息和他们进行交流，而是起身，走上前去和他们面对面交谈。

为什么这些小的举措如此重要？不妨回过头来想想先前的那些鸡。当研究人员把玉米粒放到房间中央位置时，鸡是一动不动的；即便是把玉米粒放到笼子里，它们也没有太多的反应。但当研究人员把玉米粒放到距离笼门一两英寸的地方时，它们争相跑出笼子，并待在外面。鸡与鸡之间，给了彼此改变的"权利"乃至"勇气"。

换一种方法。假设我给管理层提交了一份长长的变革清单，而其中的一两个项目并没有达到预期效果，那么公司中那些唱反调的人就会把它们作为证据，表示即便是那些看似无足轻重的变革，也注定要失败。如此一来，那些小的举措就会成为负面证据点。在举办研讨会期间，我会采取集思广益的方法，让员工集体讨论简单问题的解决方案。十之八九，有人会提议通过某种应用来解决，对此，我的回应总是一贯的：如果你不能在不使用应用的情况下解决这个问题，那么在大多数情况下，这个问题是无法解决的。首先要尝试人力解决，然后再考虑通过应用等方式解决。但通常而言，99%的问题都无须通过应用来解决。

现在，我们再从运营的角度来看，这些小的改变或小的证据点都不会对公司产生深远影响。但通过打破公司制度领域的坚冰，可以消除员工的疑虑，进而对公司文化产生显著影响。如果小的改变可以收到立竿见影的积极效果，那么你可以想象更大规模的改变会给公司带来什么。

最重要的是，这些变化往往来自你最意想不到的员工。在最初的面谈中，如果我发现某个所谓的低级别员工——假设叫吉姆——有一个非常好的想法，那么我会立即提交给首席执行官。而首席执行官的回应通常都是一样的，"真没想到这样一项政策还没有落实到位"。然后，我会给吉姆授权，让他在组织内全面落实这个想法。同时，这也相当于给他（以及他的同事）发出了一个信号，他（以及其他任何人）的想法同其他所有人的想法一样，都很宝贵。多年来，我一直把这个方法称为"电梯通道"，因为它概括了我的一种信念，那就是公司基层的意见和建议可以绕过"死气沉沉的中间层"直达高层，进而在高层授权下，迅速在组织内实施变革。这个中间层，也就是公司的中层管理人员，他们经常超负荷工作，争抢资源，缺乏推动变革的使命或

常识工作法

激励因素，而最终的结果就是导致组织瘫痪。

接下来，我会让员工想象一下，如果公司里有人觉得变革的想法是幼稚的或毫无意义的，那么这个人会有何反应，以及这个人会用什么方式阻止变革。我发现，当员工被要求扮演一个高声反对变革的唱反调者时，他们就会意识到那些反对的声音是多么愚蠢。所以，自一开始，就要在组织内注入一种积极的思维模式。

一个好的或创新的想法就像是一个完美的矩形。当这个矩形穿过一个组织时，通常会出现这样的情况：它的4个棱角——鲜明、新颖或令人难忘——被彻底磨平，再也显示不出独特之处。最终，这个矩形就会变成一个试图取悦所有人的圆环。但问题是，当你试图取悦所有人时，你谁也取悦不了。公司同意实施的小规模变革是完整的矩形吗？或者，它们已经被全面打磨，现在看起来更像是圆角？其中涉及哪些折中方案？

负责实施变革计划的员工需要不断强化最初的概念，而有时候，这是一个持续反复的过程。他们需要把这个概念准确地写下来，记下在哪些地方被降格实施，然后回溯、改造，并进一步锐化最初概念的"4个棱角"。

你可能会想，为什么还要写下来呢？这是因为，公司的免疫系统会重新发挥作用，而人的想法有时候也会改变。在公司，事后批评时有发生，员工头脑中无形的繁文缛节会蒙蔽他们，而在你意识到这些之前，各种折中和降格方案已经将鲜明的棱角打磨成了令人极端感伤的圆角。把最初的想法写下来，有助于后期的复核。在此基础上，你可以把最初的概念和改进后的概念进行对比。不过，在大多数时候，这个概念会越改越退步。

举例来说，几年前，我被要求提供一个方案，旨在帮助缓解癌症儿童在做 fMRI（功能性磁共振成像）之前以及过程中的焦虑。受美国各地类似挑战的启发，我们团队的目标是塑造一种舒适感，让这些孩子在那些冰冷的、容易引发恐惧的现代机器里不再感到难受。

我们决定复制一个大多数孩子都喜欢的环境——海滩，重现一种舒缓氛围，最大限度地减轻他们心中的恐惧和忧虑。这个基础概念很简单，我们将会把 fMRI 扫描室变成一个类似于海滩的地方。如果这个概念是一个有着 4 个尖锐棱角的矩形，那么它看起来是这样的：第一个角代表巨大的沙堡；第二个角播放海浪声和鸟鸣声；第三个角是长凳，长凳上种着几株海滩植物，植物上方是海洋画；第四个角是把技术人员单调的工作服换成更具热带气息的套装。

每个人都很喜欢这个创意——有趣！……但是，马丁，与其建造一个真正的沙堡，不如把我们的扫描仪涂成棕色？我们一定要播放海浪的声音吗？要知道，这会让工作人员和患者分神的。用耳机岂不是更方便吗？我们还是穿普通的白大褂吧，然后在上面写一些有趣的标签，比如"冰激凌大师"之类的。你觉得怎么样，马丁？等一下，我还有一个更好的创意：我们再雇个人，画一系列跟海滩和冰激凌相关的卡通画，然后在孩子进入扫描室的时候分发给他们，他们会喜欢的……

重申一遍，把你的想法原原本本地写下来，而且要死死抓住不放。

庆祝

至此，有一两只鸡小心翼翼地钻出了笼子，并开始啄食外面的玉米粒，其他鸡羡慕地看着。它们会待在笼子里还是会加入笼子外的这场迷你盛宴？确保其他鸡跟着离开笼子的唯一方法，就是提供正向反馈，即最先离开笼子的那两只鸡平安无事——这是肯定的。它们甚至还很喜欢这种站在聚光灯下的感觉。这难道不是表明我们真的可以离开笼子吗？

按照这些方法，我发现在"90天干预"期之初，大多数员工都抱持积极乐观的态度，并渴望实施变革。但在90天后，或者更常见的，在第75天或第80天左右的时候，他们的乐观主义就会减退，原因有二：一是公司的免疫系统无法应对变革，二是员工被不断改变的想法连续轰炸。

对此，我有一种理论解释。想一想，时间过得快或慢，实际上取决于你在哪里或你正在做什么。比如，你在一架即将降落的飞机上，而这时机长突然在广播中宣布飞机的一个引擎出现了技术问题，并表示一有消息就会立即通知大家。这时候，5分钟就会变得像5个小时一样漫长。在实施转型计划期间，我们对时间的感知是不断变化的。如果缺少了持续不断的沟通，缺少了推进变革的证据，那么员工就会感觉好像什么都没有发生一样。如果在90天之后，员工觉得他们在推进常识变革方面付出的努力比管理层还大，那么他们可能就会对项目失去信心，同时也会对管理层和公司失去信心。

这就是公司最高层必须关注变革计划的原因，无论是首席执行官亲自过问还是高管人员专门拿出时间回复员工的电子邮件或回应客户投诉。这些姿态提醒公司，变革计划确实正在推进。

从客户服务的角度，我们来看一下 Inditex 公司。Inditex 是全球最大的时装品牌之一，也是 Zara（飒拉）的母公司。尽管这家公司拥有非常先进的数据中心——可以追踪每天甚至每个小时的销售情况，但它的员工每天下午还是会亲自给所有零售商打电话。这就是我要说的，即使你已经发现了客户服务问题，也不要止步于此。拜访你的客户，录制一段视频或拍一些照片，然后在每周的例会上跟同事分享你的发现。

对员工来说，最重要的是欢庆胜利。极少有组织会庆贺那些真正特殊的时刻，即便组织活动，通常也都是围绕着令人厌烦的经济指标或持续飙升的股价展开的。还有的组织匆匆发一封电子邮件告诉你，下周财务部的巴尔布就要过 50 岁生日了，问你要不要一起凑钱买蛋糕，一起去做热石按摩。这类庆祝活动主要是为了取悦人力资源部门或是打发员工，而这在一定程度上也反映了公司对这种文化的认可。

常识告诉我们，这么做远远不够，尤其是在良好的、积极的变化已经出现，并已成为希望的证据点时。

庆祝活动很简单，无非就是让公司纪念一下员工实实在在的小胜利；庆祝很重要，它会产生重大影响。

此外，庆祝和表彰小的胜利也会在员工中强化这样信念，即他们

常识工作法

确实是在为一个正确的团队而战。无论一个变化看起来多么微不足道或无关紧要，它对所在部落的其他成员都具有象征意义。对于员工的贡献，要给予表彰和庆祝，这一方面表明管理层倾听员工的心声，另一方面也表明管理层重视他们的付出。

通过"庆祝"这个步骤，公司还树立了典范。也就是说，那些在"90 天干预"期内同顽固的免疫系统作战并获胜的员工，个个都是公司的英雄。

切断退路

至少在西方，传统的电影制作都遵循一个老套的模式，即所谓的三幕剧，其中第二幕最长。在第一幕中，各主要角色人物出场，并对他们的生活进行一系列简单介绍。在第一幕结束时，事件发生：丈夫对妻子说他爱上了另外一个人。一个妇女回到安静的家乡小镇，照顾年迈的家人。教父被枪杀。第二幕沿着这条故事线推进，其间次要人物入场，同时出现各种冲突、挫折和瓶颈等。第二幕结束前的时刻，即"一切皆已失控"的时刻，女主角发现她的未婚夫爱上了伴郎，两个人感情破裂；她丢掉了工作；她冲着最好的朋友大发脾气。正如我所说的，一切皆已失控。但在进入第三幕后，这些冲突都被化解，并迎来幸福结局。

你可能不知道，这种结构在所有文化转型中都很常见。

在 20 世纪七八十年代的商学院教科书中，公司变革的速度是异常缓慢的。在一幅图中，一条曲线从高点开始延伸，这象征着公司的成功（以及自满），然后陡降，并再一次攀升至高点，而这个高点跟最初的那个高点高度是一样的。

时至今日，这样的图已经很少见了。公司变革通常是从图中的一个最低点开始的（代表士气低落），然后大幅攀升，继续攀升。就在你认为这条线还会升到更高点的时候，也就是在距离终点还剩1/4距离的时候，它开始趋于平稳，甚至还呈下降趋势。这就是电影中"一切皆已失控"的时刻，即公司分立的时刻。

在转型进行到3/4的时候，公司往往会进入低谷期。因为在这个时候，它们会意识到变革不再是一个抽象的理念或理论，而是实实在在的行动。至此，员工也会意识到——很多人还是第一次意识到——他们同样需要改变。在这个阶段，你要做的就是切断退路，把所有的鸡笼锁上，避免员工（或者鸡）退回笼子中。有时候，在这么做之前，你还会见证一两次的失败。下面我来解释一下。

在凯茜·琦丝敦举办的一次研讨会上，我和同事发现该公司拥有数量惊人的图案——足有180种，而在这个行业，一家公司平均有10~20种图案。凯茜·琦丝敦设计的产品包括手袋、鞋、裤子和壁纸等，几乎包含了你所能想到的所有物品。设计这么多图案，而且还搭配20多种不同的颜色，意义在哪里？成本高昂而且缺乏成效。我和同事说服管理层大幅减少图案，从180种减少到25种。在离开会场时，我们满怀信心地认为我们已经取得了进步。

但随着时间一天天过去，凯茜·琦丝敦的一个设计团队并没有做出任何改变。尽管我们在研讨会上已经进行了讨论，但这家公司仍在使用多达111种图案。"我们在研讨会上谈的那些怎么样了？"我问。管理层告诉我，公司中有一个部门没有接受我们的意见。一位高管甚至还跟我说，在干预传统流程方面要保持谨慎。我说："如果你现在不停止这种做法，就相当于向全公司表示你们不再推进变革，或者说变革对凯茜·琦丝敦来说是无关紧要的。"没错，从短期来看，我们的提议可能会让凯茜·琦丝敦付出一定代价，可能会对公司的"传统流程"产生干扰，但从长期来看，该公司肯定会受益。那位高管明白了，于是打了电话，而问题也得以解决。这就是我所说的切断退路。

但要确保一点：对于任何可能出现的问题，你都要有切实可行的解决方案，而且还要将解决方案传达到公司的每一个人。如果你不这么做，人们就会开始议论，他们会告诉每个人，变革是不会发生的，变革是不可能持续下去的。渐渐地，那些鸡就会回到笼子里，并会一直待在里面，轻轻地叹息，咯咯地叫着，终了一生。

贡献文化

在这一阶段，你要任命常识变革的推动者，并让他们在整个组织中自由发挥。但要注意，并不是每个人都能成为推动者！

就常识变革的推动者而言，最相近的一个类比就是在健身房指导你锻炼的私人教练。私人教练的职责就是逼迫你走出默认的舒适区，在你偷懒或感到无望时给予鼓励乃至奖励，否则你是不会取得足够进步的。当你胳臂受伤、汗流浃背或一心想放弃回家时，他们给你勇气，让你不要认输。

我在前面说过，对于公司中存在的问题，低级别的员工往往能够给出最合乎常识的解决方案。公司表彰了富有想象力的员工吉姆，而这可能是他第一次站到聚光灯下，短暂享受这种众人瞩目的感觉。从此之后，吉姆就成了忠诚信徒。公司的其他员工看到了发生在他身上的事情，他们也想得到这种关注。这样的员工最有可能被指定为常识变革的推动者。

我通常会把他们叫到一旁，要求他们去改变一件小事，而通过改变这件小事，让他们的生活、环境或每天的工作变得更轻松，也更容易应对。这件小事可能是改变公司的日程会议系统，也可能是把会议室的名字从2871LSPG9改成"复仇者""Jay-Z（美国说唱歌手）及碧昂斯"。

我为什么要求他们去做这样的事情呢？因为他们需要知道改变一件事会有多难。如果你习惯用右手，那么你有没有试过用左手来刷牙？你会感到非常笨拙，甚至古怪。所以改变是很难的。

不管怎样，在那些员工接手变革项目一个月后，我会要求他们向团队展示结果。然后，我让他们从公司中挑选5个人，这5个人可以是他们非常了解的人，也可以是他们喜欢和尊敬的人。这些人可以帮助他们做一些事情。作为常识变革的推动者，他们的重要职责之一就是持续不断地激发变革需求。当员工发现与常识背道而驰的事情时，这种需求就会不可避免地出现。

常识工作法

就世界上最受尊敬的领导者而言，擅长讲故事是他们最明显的特质之一。然而，大多数公司都忘记了这个事实。如果你的使命是激励员工干事业，那么你最不愿意做的事情，就是用数字或统计数据告诉他们你的生意做得多好或多差。不管事实和统计数据多么有用，它们都是针对我们的理性大脑的。公司的股价确实会给大多数人留下深刻印象，但这是一种冷冰冰的印象，没有人会用他们理性的大脑去做决定。相比之下，那些动听的故事都是感性的。当你准备启动变革时，请你用一个积极的、令人难忘的故事在员工中传递你的观点。

20世纪60年代初，美国总统约翰·F.肯尼迪前往位于得克萨斯州休斯敦的美国国家航空航天局总部考察。当他问一名清洁工为什么出现在这里时，这名清洁工并没有说自己来这里是检查4798号航天飞机机身的；相反，他的回答很简单："总统先生，我在这里，是为了把人送上月球。"

隐喻有一种独特的能力，它能让组织中的每一个人都感受到自己是同一使命的一分子。没有人会质疑一个隐喻。如果我告诉你，乐高每年生产1.24亿个塑料积木，可能在我还没讲完这句话的时候，你就已经昏昏欲睡了。但如果我说，乐高每年生产的产品，相当于1.23亿人排起长队，从地球到月球绕一个来回，这个说法，无论是从语言上考量还是从概念上理解，都会变得鲜活起来。你可能无法想象，但至少会有一个大概的了解。作为情感的捷径，隐喻可以将无形的东西转化为有形的东西。乐高把新的使命确定为"激发和培养明天的建设者"，也就不足为奇了。

我之所以培训和鼓励员工讲故事，原因就在这里。当然，讲故事也包括"电梯游说"，而在此过程中，他们只有一分钟甚至更少的时间来讲一个故事或一种工艺。最终，他们学会了如何讲述引人入胜的故事，如何一针见血地指出常识问题。这些故事让公司中的每个人都产生了共情。是的，是共情而不是同情。

人们又开始微笑起来，他们对自己正在做的事情充满了信心。无论是否已经做好准备，他们都将坚定地迈向最后一步，那就是在他们的组织内建立"常识部"。

第十章

建立"常识部"

你做到了。你跳过了你的老板以及你的老板的老板，现在你要去见公司首席执行官了。

再见，繁文缛节；再见，7×24小时的生产线——这样的生产线只会催生一个又一个缺乏常识的想法。你要推动一些事情。

你坐上行政电梯，很快就到了高管楼层，那是一片安静、开阔的办公区。走在地毯上，你感觉自己就像进了天堂一样。如果有一个小天使用翅尖轻触你之后飞走了，你也不会感到惊讶。你很小心地走路，尽量不发出声音。这一路走来，你看到了首席执行官的很多私人助理。最后，他的一号私人助理热情地接待了你，给你递上了一瓶水，并请你坐下稍等。她说，首席执行官正在开会，但很快就会出来。

你一边喝水，一边环顾四周。在这个楼层，忧虑似乎是不存在的，一切都在有条不紊地运行着。高雅的艺术，成排的空空荡荡的会议室，玻璃窗一尘不染，整个区域，仿佛不曾有人类的存在。如果笔记本电脑屏幕出现卡顿、闪烁或其他任何问题——这几乎是不可能的——兢兢业业的 IT 部门随时都在待命,就像女王的伦敦塔卫兵一样。

你现在只考虑一个问题:如何让一名首席执行官相信,他所领导的这家公司是一家缺乏常识的公司。要知道,他工作的地方就像天堂,而且几乎从未感受过你和你的同事每天都要经历的那种"炼狱"生活。

几分钟后,你被领进了首席执行官办公室。你解释了最近注意到的一些常识问题。首席执行官认真地听着,不断点头,然后说:"你知道,罗布非常适合这个岗位。"

"哦,不。"你想。除了罗布,谁都可以。罗布是个中年男子,酷爱打高尔夫球,患有严重的注意缺陷多动障碍,总是气喘吁吁,是公司中行走的不明事理的化身,极端缺乏常识。罗布胜任吗?你的猫都比他干得好,你的猫尾巴都比他干得好。

你垂头丧气地离开了办公室。首席执行官好像还跟你说"发一份 PPT 给我""你说的有道理,让我们把它整合到现有的工作流中"。

变革的最后一步

在你心里,你知道什么都不会发生。除非你在公司创建一个"常识部",否则这样的事情还会一次又一次发生。

变革的最后一步是创建一个治理机构,全面系统地解决公司内缺乏常识的问题,通过简单、直观的解决方案消除员工和客户的困惑以及他们所面临的各种不切实际的问题。

这个治理机构也被称为"常识部"。

我能想象你心里在想什么。你是不是期待我的公司任命一名真正的常识部部长？拜托，常识部这样的机构在我的公司是不会出现的，永远都不会出现。

当我告诉高管团队，确保公司内常识常在的最佳方法是成立"常识部"时，他们的嘴角抽搐了一下。他们点头，他们在等待我的画龙点睛之语，等待我哈哈大笑的时刻。他们一定以为我是在打比喻、开玩笑。对任何一家严肃的公司来说，我都难以相信它们会专门安排资源，建立一个专注于阐释和解决公司失调、沟通不畅和效率低下等问题的部门。

好吧，我来做。

我希望现在有一点已经很清楚了，那就是公司里的常识性过失通常不会引起员工的注意。常识经常会被忽视，进而成为盲点，因此，人们在日常工作中也就难以发现它的重要性。在公司，员工往往过于专注于内部事务，以至他们都没有注意到，他们所做的事情对组织之外的人来说几乎没有任何实际意义。

因此，建立一个真正的"常识部"，可以确保公司先前就已致力于打造那些日常性的、合乎常识的解决方案切实派上用场，而不至于使之沦为一纸空文，同时也可以确保真正的变革持续下去，确保公司发展和员工前途不受影响。

想象一下，你所在的组织刚刚经历了我在上一章中描述的那5

个步骤；现在，每个人都在讨论"鸡笼综合征"以及如何避免棱角被磨平的问题。在有些地方，情况确实有所改善，但生活和商业飞速发展，产业和企业不断变化，新技术持续涌现，员工有进有出，机构记忆也是参差不齐的，而如果缺乏警惕，企业健忘症和企业惰性可以占据任何一家组织，进而致其倾覆。尽管每个人都尽了最大的努力，但在不知不觉中，企业会再一次偏离常识轨道。企业电子邮箱里塞满了数百封未读邮件，各种差旅计划难以得到及时审批，高管也恢复了先前的口头禅——"发我一份PPT"，而说这话时，他们连脚步都没停一下。

我的提议是，最好将"常识部"界定为预防性部门，即作为第一道防线，阻止公司滑向陈旧的、官僚主义的习惯、实践、惯例和观点。另外，这也是一种及时查找和发现效率低下等问题的方法。任命"常识部"部长会传递一个明确的信号：公司重视员工，重视常识，且会尽最大努力，确保常识在任何时候都不会缺席。同时，我们也要面对现实。什么样的公司能够齐心协力地成立一个部门，致力于解决那些侵蚀常识的问题呢？这该如何实现呢？

为了回答上述问题，我来引荐一个人，他叫切斯特（不是真名），是我服务过的一家大型全球投资公司的老员工，有着近20年的工作经验。他亲自牵头，成立了该公司有史以来的第一个"常识部"。

我和切斯特在旧金山的一次研讨会上相遇。其间，我鼓励他在公司成立一个"常识部"，而他的回应，我记得非常积极。一个月过去了，没有人接这个茬儿，似乎每个人都在等着别人来谈论这个话题。

几个星期后，切斯特联系了我，他说他最近遇到了一件事，现在已经到了紧急关头。具体来讲，就是公司的一位高管想了解中层管理人员的日常生活，已经如影随形地"追踪"了他整整24个小时。对切斯特以及该高管来说，这种体验是颇具启发性的。

那名"追踪"了切斯特整整一天的高管叫佩里。切斯特认识佩里已经很多年了，而且也把他当作朋友。正因为如此，当佩里鼓励切斯特直言不讳地分享他对公司的不满时，切斯特承诺将毫无保留地分享。他对佩里说："如果你真想了解我的真实工作情况，不如我们专门拿出24个小时，一起看看我这一天都是怎么度过的。"他告诉佩里，会面地点不是在办公室，而是明天一大早一起飞往丹佛。切斯特早已预订了从旧金山出发的机票，时间是早上6点5分。按照公司规定，他选了这一时间段内最便宜的一趟航班。切斯特把出行信息转发给了佩里办公室。

一个小时后，佩里办公室的工作人员打来电话，告诉切斯特说他选的这趟航班"不适合佩里"，就好像佩里是另外一家航空公司的常旅客。该工作人员建议他们两个人乘坐另外一趟航班，而且这个出发时间更合理一些，是上午10点钟。"这是违反公司规定的。"切斯特回复说。公司员工飞往何地或计划跟谁会面，都不重要，按照公司规定，他们必须乘坐所属时间段内最便宜的航班，而无论该航班什么时候出发或中转多少次。无奈之下，佩里的助理给她的老板预订了早上6点5分的那趟航班，跟切斯特同行。

第二天早上，两个人在机场会面。在切斯特走向经济舱队伍时，佩里看起来有些尴尬。"我应该告诉助理给你订商务舱。"他说。

切斯特提醒佩里，按照公司规定，包括公司高管成员在内的所有员工必须乘坐经济舱。如果出于某种原因，让切斯特来统计违规次数（实际上他并没有），那么这将是佩里第二次违反公司规定。6点钟马上就到了。

很快，飞机起飞。切斯特此前已经告诉佩里，让他待在商务舱别动，自己有事会去找他。飞行期间不提供无线网络服务，而当切斯特在飞机前部找到佩里时，他注意到佩里刚刚打开手机。切斯特说："虽然有件事我非常不愿意讲，但你知道，除非进入办公室，连上公司安全的无线网络，否则我们是不允许使用手机的。"

"但我要收一下邮件。"佩里说。

"我也是，"切斯特说，"但问题是，在回到办公室之前，我们两个人是不允许使用手机的。这是公司规定。"切斯特还补充说，有时候，这意味着航班抵达之后，他还需要等90分钟的时间才能回到办公室连上网络，而一个不可否认的事实是，无论是他的客户还是团队成员，都需要他的及时响应。

在乘坐出租车前往丹佛市中心的办公室途中，佩里变得沉默了。"车费是你来付吗？"佩里在到达目的地时问。"我不能付。"切斯特说，并解释道，按照公司规定，即便他愿意付车费，他也付不了。作为公司的非高管人员，如果和高管同乘一辆出租车，那么他是不允许支付车费的，"唯一例外是我有生命危险，但现在显然不是"。当佩里意识到自己没带现金而只有信用卡和借记卡时，他想到了另外一个主意：

常识工作法

为什么不给切斯特发一封电子邮件,授权他支付车费呢?

"这没用。"切斯特说,"还记得吧,在进入办公室之前,我们两个人是不允许上网或发送电子邮件的。"另外,他继续说道,如果一名高管试图绕开公司规定,指示低级别员工支付车费,这也是不允许的。切斯特轻声说:"佩里,我们现在甚至还没有进入办公楼,你就已经违反了五六项公司规定!"

随着时间一点点过去,一个又一个员工向佩里讲述一个又一个与公司规章制度有关的故事,并表示各种条例和规则严重影响了他们的日常工作。佩里越听越崩溃。"我觉得我根本不了解这家公司。"当天晚上他在酒店酒吧对切斯特说,"我从未想到,为这家公司工作竟如此之难。"

同一天晚上,切斯特告诉我,他想到了 24 岁时的自己。那时,那个年轻的切斯特刚从商学院毕业,就被这家公司录用了。"我非常讨厌那个时候的自己。"切斯特说。他发现过去的自己在一个缺乏常识的公司里是多么自鸣得意。他找到了绕过公司规定工作的方法,而不是大声呼吁或倡导变革。"在 24 岁的时候,我就应该去做,但直到 41 岁,我才付诸行动。"切斯特说。

规章制度很重要,这一点切斯特心里清楚。他并不是不尊重规章制度,而是这些规章制度已经突变和退化到了难以识别的程度,事实上,已经到了非常荒谬的地步。它们不再考虑各方的最佳利益,这包括"公司的利益、政府的利益,乃至整个经济体的利益"。为了组织的"安全",这些规章制度让公司员工变得越来越短视,以至从根本

第十章
建立"常识部"

上忘记了如何正确思考。

两个月后切斯特创建了一个致力于重建公司常识的新部门。

渣打银行的"常识部"

组织变革很难，而一个行业越复杂，行业中的公司就越难以规划和实施变革。毫无疑问，国际银行业就属于这一类。

对银行来说，获得公众信任最重要。银行与我们的收益、投资、退休基金以及我们日常生活中的融资方式息息相关。在这些活动背后，银行遵循一系列旨在防范合规和法律风险的复杂规章制度。相比于其他行业公司，金融机构受到更多制度和流程的限制，而这些制度和流程，有时候对客户和员工来说是不利的。为此，总部位于伦敦的渣打银行率先酝酿、规划并成立了专门的"常识部"，一举成为行业的风向标，而该部门的创建者盖尔·厄塞尔也成了该行业第一个吃螃蟹的人。

在着手成立"常识部"时，盖尔重点关注那些不仅不会创造实际价值，反而会引起困惑且令人厌恶的公司政策和程序上。"常识部"不是一个圈内笑话，而是专注于解决实际问题，致力于废除早前制定的那些与现实完全脱节的规章制度。很快，各种想法、意见和建议就蜂拥而至。盖尔领导的"常识部"解决的第一个问题是代码问题，即在填写差旅表格时，所有员工必须输入相应的代码。但由于某种原因，该代码每隔几个星期就会更改一次，而且从来没有提示信息。"有人花了4年时间也没能解决这个问题。"盖尔回忆说，"我们用了6个星期就搞定了。"

与此同时，她知道自己可能会让组织内的一些人感到不舒服，甚至会激怒一些人；她也知道，有些人可能会指责她不忠，指责她没有为银行的最佳利益考虑，或者指责她破坏那些旨在保护银行安全的措施。但替代方案是什么呢？

在成立后的6个月内，渣打银行的"常识部"已经成功解决了从客户服务到会计在内的十几个常识问题。无论以何种标准衡量，"常识部"都取得了极大的成功，部门网站的日访问量达数千次之多。该部门不仅提供解决方案，而且还进一步确认了员工的各种感想和感受。"哦，我也遇到过这个问题，我知道谁能帮上忙。"他们不断地说道。这么多年来，员工第一次感受到他们不仅仅是团队成员，而且还是人。他们发现，承认一项规则或程序毫无意义是完全没有问题的——尽管在此之前的很多年里，他们一直都在忠实地遵循这些规则或程序，而且没有任何抱怨。"常识部"传递的信息非常明确：人们在生活中并不存在两套规则，即所谓的日常生活规则和公司生活规则；在工作场所，每一名员工都有充分的权利拥抱常识、同理心和人性。

对盖尔来说，"常识部"并不仅仅是一个非正式的修复实验室，她希望这个部门可以改变公司文化，并向全公司传递一个信号，那就是对于每一名充满进取心的员工，它都会认真倾听他们的心声，并致力于解决他们提出的问题。在接下来的几个月里，越来越多的人效仿这种做法。与此同时，越来越多的公司开始尝试设立自己的"常识部"，结果如下：

第十章
建立"常识部"

- 在录用员工之前，公司都会对所有申请者的材料进行筛选、审查，看他们是否有清白的工作经历，即便是那些没有机会进入该公司的人也会受到这种对待。确实够公平。当然，这需要时间和资源。同时，这也意味着那些即将获得工作机会的申请者会被卡在筛选流程中，他们的录用时间会被延迟，而那些想提交录用申请的经理则因流程限制而倍感沮丧。鉴于此，"常识部"废除了这一规定。

- 在另外一家总部设在纽约的公司，按照规定，员工必须提前24小时向部门经理提交差旅行程单。然而，在很多时候，经理并不会在规定时间内审批。一旦过了24小时之后，线上审批系统就会重置，填写内容清空，这意味着员工必须提交新的行程单。鉴于此，"常识部"出台了一项新的规定：经理可以否决员工提交的差旅计划，但如果在24小时内没有给予回应，则该申请单自动获得批准。

- 在某公司位于美国南部地区的分区办公室，咖啡和各种小吃是免费向所有员工提供的。但为了节省开支，该办公室没有提供任何可清洗脏咖啡杯的洗洁精或海绵等物品。据说有些员工因此生病了。因此，大多数人就选择了附近的一家咖啡店，每天去买两次咖啡。每天往返两次，乘以数百名员工，这显然不利于提高生产率。"常识部"告诉所有员工，公司分区办公室会提供洗洁精和纸巾等物品，一是可以减少病菌感染及疾病的发生，二是可以提升整体生产率。各种清洁物品随之出现在咖啡间，员工又开始在办公室喝咖啡，而生病的概率也大大降低。

如何在你的公司设立"常识部"

我采用的方法包含三个简单步骤：一是背书，即提出一个令人信服的理由，让公司高层支持成立"常识部"；二是激励，即通过一系列证据点推动文化发展，用事实说话，让员工看到"常识部"是可以发挥作用的，而且还将继续发挥作用；三是具体化，即设身处地为他人着想，透过他人的视角看待问题，比如消费者、客户和其他部门员工的视角等，然后将常识和同理心重新注入公司文化。

放缓步伐，扎实推进，我所做的一切都是在"90天干预"期内完成的。发起短期的、有意义的倡议行动，以形成并维持前进势头，同时消除在此过程中的各种猜忌和办公室政治。

背书

要想成功创建一个"常识部"，你需要让它成为一个正式部门，要配备全职领薪人员，同时还需要获得高层的支持和批准。这不是一份"不正经"的工作。当你向员工发出一项指令时，他们通常不会把它太当回事，因此，要在你的职权范围内，确保该指令得到贯彻执行。

首要一点是，你需要帮助首席执行官解决短期思维问题，因为他必须向董事会或股东（如果是上市公司）表明自己所要扮演的角色。说服首席执行官的最佳方式是强调节约成本，想必你也会猜到这一点。没有任何人会因提议节约成本而被解雇。背书、激励和具体化？最好的"常识部"倡议能同时满足三方面的要求：节约成本、改进文化以及强化或提升客户体验。

为什么要从能够产生最大财务影响的方面着手，原因就在这里。节约成本可以让公司对你的计划开一个又一个绿灯，进而形成大规模版本的"常识部"。因而，当务之急就是以节约成本的方式来重建常识。

比如在丰田，当一个小团队被要求想一些省钱妙招时，其中一名成员提了一个非常合乎常识的问题："有谁知道为什么我们的生产工厂会产生数百万美元的电费吗？工厂里配备了机器人，7×24小时运转，即便在没有人的情况下也是如此。"机器人需要光吗？如果机器人可以说话，它们会说不需要。在丰田，从没有人想过这个问题。此举不仅降低了电费开支，也推动了常识的重建。

在一家知名的连锁酒店集团，也发生过一件类似的事情。当你走进酒店浴室时，我想你肯定会看到这样一条提示信息，大致内容是：请重复利用浴巾以帮助保护环境；如果你需要洗衣服，请把它们放到浴缸里或客房一角。令人惊讶的是，只有不到15%的客人选择"帮助保护环境"。在一次头脑风暴会上，一名客房服务人员提出了一个聪明的想法。与其尝试唤起客户的环保意识，不如更改一下提示信息，内容如下："70%的酒店客人选择重复利用浴巾，以帮助保护环境。

您是其中一员吗?"这条略加改动的信息产生了深远影响。几个月后,客房服务团队不得不把这条提示信息中的数字从70%改为90%。对于由此带来的变化,这家酒店感受到了,我们这颗星球也同样感受到了。

既能重建常识又能节约成本,还有什么比这更好的呢?但即便是这样的好事,在公司中真正实施起来也只有50%左右的概率。一旦你推进了一个常识重建项目,首先要确保一点,那就是节约下来的开支要五五分成,一半归入问题部门,一半归入"常识部",以便进一步推进相关工作,并加大工作力度。

这个方法的最明智之处就在于它会让批评者和唱反调者闭嘴。任何组织内都有一些这样的人,要让这些人参与其中,不妨使出一个秘密的"胡萝卜"招数:你不仅要承担整个项目的费用,而且在节约出来的费用中,你还要把其中的一半分给他们。在"90天干预"期内,无论哪一个项目,只要成功了,就计算财务效益,并用这些资金作为示范,引导其他部门参与常识项目建设。试想,有谁会对支票或旨在赚钱的项目说"不"呢?

当首席执行官和高层团队确信节约成本和重建常识通常是相辅相成的,而且这样一个部门确实能够发挥作用,那么就该到扩大"常识部"规模的时候了。继续前行,专注于解决那些未必会带来财务效益的常识问题,无论这些问题涉及员工、客户还是两者兼而有之。实际上,有些常识的解决是非常费钱的,但你可以利用先前项目节省下来的资金,将这些项目转变为自筹资金项目。

激励

在赢得高管团队的充分支持之后，就该进一步扩大"常识部"的覆盖范围，将整个文化纳入其中。为什么要把文化纳入其中？因为在提升员工士气方面，节约成本带来的财务效益已经不能继续发挥作用了。如果员工提出的建议不能付诸行动或在实施中陷入僵局，那么他们很快就会产生一种印象，即任何推动变革的努力都是徒劳的，甚至抗拒现状都是徒劳的。对一个组织来说，最重要的就是给它注入希望。事实胜于雄辩，并会燃起希望，希望会消除怀疑主义。希望就好比氧气，你所做的改进越多，给人的希望就越大，走廊里的氧气就越充足。

比如，在我服务过的一家全球建筑公司，一名员工把目标对准了公司制定的计算机规定。这条规定的内容是，在计算机遇到问题时，公司内职位越高的人，IT部门的响应就越快。想象一下，如果你被告知需要等两个星期的时间才能拿到一个新鼠标，这对你的士气会产生什么样的影响？针对该规定，这名员工的提议是，在公司安装一个自动售卖机，提供易损部件和配件，比如电源线、鼠标和适配器等。受苹果公司"天才吧"（Genius Bar）理念的启发，他成立了一个内部服务中心，遵循的是先到先服务的原则。

员工主动采取行动的另一个例子来自瑞士国际航空公司。按照公司规定，机组成员无权处理机上投诉，他们必须填写一份报告，然后转交给第三方投诉中心，由后者负责处理。每个问题的处理成本是 89 美元，而且他们还要等几个月的时间才能得到答案或解决方案，因此乘客的怒火会越积越多。"常识部"在公司指南中引入了一个简单的变化，授权机组成员处理机上乘客投诉事件。大多数投诉（比如饮料溅溢等）都很容易解决，处理成本远低于 89 美元。这不仅为公司省了很多钱，而且也提升了乘客和机组成员的满意度。

具体化

员工内心燃起的希望以及越来越充足的氧气会推动公司文化朝着更好的方向发展，在此过程中，员工也会从他们自身之外的角度看待世界，并重拾同理心。这就是你该采取最后一个步骤的时候了。你要把重点放到那些买你产品或服务的人也就是你的客户身上。

多年前，微软每个月都会接到几十万通来自 Office 办公软件产品购买者的电话。作为客户，很多人认为，购买昂贵的软件产品意味着他们终身都可以获得客户支持。但在这个问题上，微软并不这么看。于是，公司打起了客户服务电话的主意，让客户很难找到甚至不可能找到这个客服电话。后来，微软的一个小组给出了一个简单而又聪明的方法，一劳永逸地解决了这个问题。在对客户来电进行分类之后，这个小组发现很多问题其实是反复出现的。虽然每月有多达几十万通电话，但 80% 以上的来电集中在不到 100 个问题上。据此，该小组立刻行动起来，就其中的每一个问题给出了相应的解决方案。

今天，使用 Office 产品的用户给微软支持团队打电话，后者在确认问题之后，几秒之内就会给出解决方案，99%的问题都可以得到解决。这项服务是免费的。如果客户遇到更复杂的问题，只需支付固定费用，便可继续与技术专家对话。几乎是在一夜之间，客户的需求得到了满足。基于此，微软不仅开始赚钱，而且还获得了有助于Office下一次更新的宝贵数据。毫无疑问，这是一个合乎常识的解决方案。

向谁报告？

理想的情况是，你和你的"常识部"向首席执行官报告；若首席执行官缺席，则向首席运营官或同等级别职位的其他高管报告。为什么？因为"常识部"需要跨部门运营。你的直属领导级别越高，成功的可能性就越大。

要说服你的上级考虑成立"常识部"，还有另外一种方法：秘密行动。试着找出几个可以通过有限授权即可解决的案例。比如，有关会议安排的规定，某公司给与会者10分钟的确认时间，否则该会议室就会被重新分配。这种情况看似无法理解，但确实会发生。最终，一名忍无可忍的员工发起了反击。在她预订了会议室之后，会有多少人不出席呢？系统显示65%的与会者不会出席，而据她自己的分析，这个数字约为5%。为什么要搞一个会议确认功能呢？于是，这项规定被取消了。但她并未就此止步，仍持续关注日常工作中那些令人恼火的小事。不久之后，人们开始天天找她，寻求解决类似问题的建议。

她建立的"已解决问题"文件夹正是她倡导创建"常识部"的坚定理由，而领导也给她开了绿灯，让她以一种更正式的方式推进该计划。当她的部门遇到所谓的"孤岛"问题也就是那些需要其他部门介入才能解决的问题时，领导给了她更大的权限，将"常识部"升级为跨职能部门，直接向首席执行官报告。

但如果遇到阻力，你怎么办？如果首席执行官问："为什么我们不能在问题发生时就解决它们呢？我们真的需要成立一个完整的部门吗？"你会怎么回答？

答案很简单：为"常识部"设定一个期限。如果在 6 个月的时间内没有发现或解决多少个问题，那么你将放弃整个想法。通过这种预期管理，你承诺的目标将会成为别人衡量你的标准。很快你就会发现，公司中存在的常识问题远超任何一个人的预期。在此过程中，你会重新激活周围每个人身上的常识，并推动他们节省开支，提升客户服务体验，以及打造让员工更满意的工作环境。无须多言，这些事情都可以被轻松测评，都会得到重视，而且都值得庆祝。

以下是一些常见问题及其答案。

- **"我一定要命名为'常识部'吗？"**

不，你想叫它什么就叫它什么！但你要挑选一个引人注目、令人难忘的名称，要有鲜明的特色和启发性。

- **"如果'常识部'进展缓慢，那该怎么办？"**

你不要指望这样一个部门会一夜成名。如果你已经完成了我在前面提到的那 5 个步骤，我的建议是倒过来干，把公司中已经发现和解决的问题作为证据点。这样你就不必干等其他人来跟你讲公司里各种不合逻辑的规定，因为你手上早就有了一些成功的故事。

- "我该如何跟IT部门打交道？"

如果你想搭建一个部门网站，就不要聘请世界级的IT团队；相反，最好是在人流量高度密集场所安装信箱，比如在办公室门外、员工餐厅或咖啡机旁，鼓励每个人写下他们的问题，并投入信箱。在信箱附近张贴海报，用一些明显缺乏常识的案例作为提示。

- "我应该推广'常识部'吗？"

在建立跨职能部门方面，你如果获得了支持，不要在第一时间公布，先秘密行动，直到拿到几个成功的案例为止。如果大张旗鼓地宣传，怀疑主义者就会横加阻拦。另外，有些员工也会认为，"常识部"会插手那些原本不归它管的事务。很快，他们就会找到其他的抵抗武器："这个部门什么也没有干。看看浪费了我们多少时间和金钱。这就是一个代价高昂的分心事儿。"诸如此类。

秘密行动可以让你避开这一点。一旦你手上有了多个案例，你就要有策略地使用它们。理想的情况是，它们应该充分展现这个部门的真正宗旨。真实案例更容易说服他人。你也可以有规律地、慢慢地把这些案例引入组织。随着"常识部"越来越受欢迎，你可以考虑与公司的通信部门结盟，利用后者的网络宣传积极的常识重建案例，为整个组织注入希望。

在这个过程中，你会学到很多东西，比如，什么是常识以及常识在公司中意味着什么。而这就是戒律发挥作用的地方。

- **"戒律？什么是戒律？"**

很高兴你问这个问题。列一个清单，写下 10~12 条指导方针，将其作为"常识部"的基本原则。比如，"让常识盛行——让常识超越繁文缛节，超越'孤岛'运营，超越一切""按照优先顺序排列，常识规则排第一，其次是效率和节约成本""常识问题无处不在，组织内的任何人都可以处理和解决，无论他们的职位或职能是什么"。

- **"应当由谁来运营'常识部'？"**

说到理想的候选人，首先要有热情，精力充沛，具备良好的社交技能，并对所处行业有充分了解。想一想前面提到的"90 天干预"。谁看起来对组织变革最感兴趣，而且又有胆量和毅力把这个部门变成现实？理想人选应当是广受欢迎、备受尊敬的人，要有良好的人际关系，并致力于让公司里的每个人都更好地工作。

- **"我应该如何开始？"**

从简单处着手，步步推进。让员工投票选出工作场所中最荒谬、最欠缺考虑的规定或程序，也就是那些让人抓狂的规章制度。显然，这将是"常识部"优先处理的问题，同时也有助于部门负责人进一步推进重大变革计划。一旦在这些方面取得成功，其他员工就会更愿意提出公司在其他方面存在的瓶颈和障碍。

当然，"常识部"还应该拿出时间，同那些面向客户的员工、团队和部门进行尽可能多的交流。你要问："在满足客户需求方面，你面临的最大障碍或困难是什么？"而不是问："是什么阻止你无法向客户提供优质服务？"

- "我应该先做什么？"

"常识部"需要处理公司中早已存在的官僚主义问题。基于此，公司应该考虑设置一个"冻结期"，比如在三个月内不能寻找新的官僚主义问题。公司的每一项规定或程序，以及组织中的任何障碍问题，都应该仔细检查。如果一项规定与另一项规定存在关联，那么这两项规定都必须进行研究和解决。问问你自己：这项规定带来了什么，带走了什么？如果它带走的超过了它带来的，那么就应该废除。

- "在涉及客户方面，我应该怎么做？"

如果你的职位面向客户，那么很重要的一点是，把你试图要解决的问题同客户服务联系起来，同时要搞清楚你所提议的变革会对他们产生什么样的影响。确保内部的任何改进都会带来更积极、更卓越的客户体验。

- "你建议在公司文档中使用图像吗？为什么？"

就我个人经验来看，在强调公司欠缺常识方面，卡通画和一般意义上的图像是一种有用的、不具有威胁性的工具，无论它们展现的是客户服务电话多么难打通还是员工的各项费用多么难报销。此外，幽默和非正式性也有助于化解办公室政治，在这种氛围下，员工也不会轻易退回到公司模式。

- "有没有一种万无一失的解决方案？"

正如我们在第八章中所讨论的，我的创意理念是将两个普通的事物以一种新的方式结合到一起。从另外一个角度来看待你所面临的挑战，往往能找到你想要的答案。亚马逊会如何解决这个问题？谷歌会怎么做？你还可以考虑通过"众筹"途径，集聚组织内所有人的智慧来解决问题。把你的挑战写下来，然后张贴到公司的公共区域，看看结果如何。

- **"如何维持'常识部'的成长？"**

一旦"常识部"开始产生影响，你就会发现一些不同寻常的事情。志愿者会主动伸出援手，员工开始自己动手处理和解决问题。有些员工可能不愿意使用真名，而有些员工则完全不介意公开身份。

- **"有没有衡量成功的标准？"**

要想成为童子军中的鹰级童子军，你首先需要赢得21枚勋章。这些勋章证明你在露营、急救、个人体能和应急准备等科目中取得了优异的成绩。当一名童子军向他的同伴展示成就时，也会激励他们。

如果你解决、理顺或消除了一个常识性问题，一定要庆祝胜利，该表扬的就一定要表扬到位。要为表现优秀的员工颁发真实奖品，比如勋章和绶带等，当然，也可以考虑其他形式的表彰方式，奖品可以是虚拟的，也可以是真实的。在任何可能的情况下，把变革成果同公司现有的关键绩效指标积极关联起来。在开会时，可以让那些提请变更或废除某项愚蠢规则或制度的员工谈一谈个人感想，看看问题的根源是什么，又是什么原因使得他们认为那些规则或制度不应该存在。

- **"我应该创建数据库吗？"**

"常识部"负责人应该做的最明智的事情之一就是列一个名单，把公司中最擅长解决问题或处理危机的三四个人包括进去。在确定了这个名单之后，再让名单上的每个人列出他们遇到问题时最想联系的5个人的名字。这时，往往就会有人重复出现在他们的名单上。什么意思呢？这些重复出现的人都是实干家。在"常识部"破除阻力、推进变革方面，这些人将会发挥极其重要的作用。

- **"怎样才能确保'常识部'不偏离正轨？"**

即便是"常识部"也会因走捷径、不断妥协、懒散或疏于履行自身使命而迷失方向，进而背离常识。作为一个部门，你如何定义常识？把它刻到牌匾上或写到某个地方，每年回过头来看一两次，特别要注意"常识部"的宗旨，确保你的同事也深刻了解这一点。

- **"如果'常识部'被问题淹没了怎么办？"**

在做好本职工作的同时，"常识部"还有一个间接目标，那就是鼓励所有员工自己动手解决挑战。当然，他们可以随时与"常识部"联系，但他们也应该感到他们有权质疑为什么要遵循某些程序和流程。实际上，除非得到员工的大力支持，否则"常识部"将很难清除公司中的繁文缛节和官僚主义。

其实，"常识部"的目标应该三七分，也就是说，30%的常识性问题应由"常识部"负责解决，另外70%的常识性问题应由员工负责解决。与其让"常识部"担起解决公司内所有常识性问题的职责，不如把捍卫常识作为整个公司的使命。

- **"如果员工抵制'常识部'怎么办？"**

你瞧，公司（以及办公室政治）就是这样，总有人觉得他们受到了"常识部"的攻击，认为"常识部"的存在就是针对他们的。这可能仅仅是因为你废除了某项与他们相关的"规定"而已。这样的人总会存在，而你对抗他们的武器就是沟通，用持续不断的、大大小小的成功故事和他们沟通。这些信息不仅向组织传递明确的信号，即常识最终会占据上风，而且还会继续激励员工自己动手解决问题。谁能扼杀一项人人赞不绝口、省钱而且还能让员工和客户更开心的倡议呢？

- **"'常识部'如何确保解决所有问题？"**

事实上，如果你在一家大公司工作，即使有一个"常识部"，你也无法确保所有事情能按计划进行或完全合乎常理。如果这个部门可以解决组织内 1/4 的问题，那就算是成功的。

一个不可否认的事实是，"常识部"的职责之一就是让员工密切关注他们的日常工作，找出不足之处，而不仅仅是装样子、走过场。如果员工看到了背离常识的事情，他们就应该讲出来；如果不讲出来，那他们实际上就成了问题的一部分。

- **"'常识部'是否应该走向'计划性报废'？"**

"常识部"还有另外一项任务，一项隐含的、不言自明的任务。简而言之，作为一个部门，它应当推动自己走向消亡，或者至少让自己变得无关紧要。换句话说，当它对公司里的任何人都不再有任何用处时，它应当欢快地走向自我毁灭。如果常识已经深深地植根于组织之中，为什么还需要一个"常识部"来解决常识性问题呢？

但"常识部"走向消亡之前，还是埋头工作吧。你的目标是让公司里的每个人都重新发现他们内心的常识，并按照这些常识行事。透过他人的视角去看这个世界，设身处地地为他人着想，无论是员工还是客户。通过恢复常识，你也恢复了员工的同理心，这时，"常识部"就可以融入公司的日常运营中，回到它原本所属的地方：把以客户为中心的问题放到客户服务部，把员工问题放到人力资源部，把不同的问题放到不同的部门（但在这么做之前，你要再次写下那些戒律，交给负责解决问题的人，确保其严格遵循）。

最重要的是，"常识部"应该提醒每个人，要提出问题、分析规章制度、检查程序、重新考虑业务活动，包括但不限于塑料包装问题——就是那种把耳机固定死的塑料包装！对公司、客户和员工有利的事情要保留，反之则废除。

为什么我们在公司里的表现就应该和生活中的不一样呢？这是哪门子常识？这不是常识。

愿你我都明白这个道理。

后记

当你准备写一本关于缺乏常识的书时,你不仅会关注公司中频频出现的相关案例,而且还会留意日常生活中的荒诞时刻。比如,在等电梯的时候,你每隔几秒就戳一下按钮,好像电梯会注意到你的匆忙而快速赶到你身边一样;在交通路口,你一次又一次地戳步行按钮,尽管你知道这些按钮大多已经失效,它们的存在只是为了给你和其他行人一种控制错觉;在电视遥控器无法操作的时候,我们用力按压音量或频道按钮,却没有意识到要给它们更换电池;在饿的时候,你打开冰箱门,扫了一眼,然后又小心地关上,一分钟后,你再次打开,又扫了一眼;等等。

这些都表明,在很多时候,我们在生活中也是缺乏常识的,就像公司在运营中缺乏常识一样。好吧,也许没有那么糟糕。实际上,我很清楚我只是了解了一点皮毛而已,所以,我需要你的帮助。

现在给你出气的机会,以公开或匿名的方式讲出你的故事,让我们大笑一番、大哭一场或痛痛快快发一次脾气。请你把在工作中遇到的缺乏逻辑、技术拙劣、程序错乱的案例或其他任何无视常识的例子提交至MartinLindstrom.com/commonsense，或通过以下渠道分享给我，当然你也可以通过这些渠道关注我的日常更新：

• 推特：@MartinLindstrom

• 脸书：Facebook.com/MartinLindstrom

• 领英：LinkedIn.com/in/LindstromCompany

• 照片墙：Instagram.com/LindstromCompany

我非常希望我们能够发起一场新常识运动：让会议准时开始、准时结束，让PPT远离我们的记忆，制定有意义的规章制度，最大限度地减少繁文缛节，让同理心为王……要知道，从包装盒中取出一副新耳机并不需要海豹突击队的技能。

我们现在是不是该行动起来了？

致谢

　　两年前（也可能是三年前）的一个寒冷的夜晚，我在金牛犊餐厅预订了4个人的晚餐。这家餐厅位于曼哈顿上东区，环境舒适、优雅，提供正宗法式大餐，比如西蒜、蜗牛、贻贝和蛋黄酱沙司芹菜等。当晚与我一同前往的分别是我的著作经纪人吉姆·莱文、知名图书公关专家马克·福蒂尔，以及作家彼得·史密斯。顺便说一句，彼得是我10多年的合作伙伴，依我拙见，他是当之无愧的最优秀的合作者。整个白天，我都在准备这本书的概念清单，很长很长。落座后，我一个接一个地讲给他们听。

　　不，这不行，我一点也打不起精神来……

　　最后，当我在座位上越陷越深时，吉姆问了一个所有作家在开始创作前都应该自问的问题：你最感兴趣的主题是什么？好吧，我一下子就收不住了。我振奋起来，开始喋喋不休地讲起我在世界各国各个公司遇到的各种无法理喻的愚蠢和低效行为，然后说："在一次研讨会上，一位非常优秀的女性提出了一个概念，叫作'常识部'，旨在用它来解决组织内的各种愚昧无知的问题……"

"这可以拿来作为书名。"吉姆说。10分钟后，当蜗牛开始怀念壳内的温暖时，本书的内容架构基本成形了。

所以，我首先要感谢的就是这三位"火枪手"：吉姆、马克和彼得，他们在几乎所有事情上都给予了我帮助——从内容架构的确定到本书的撰写再到发行和销售。从某种意义上讲，正是他们催生了这本书。（他们唯一没有介入的就是我的出生，但如果那天他们在丹麦，我敢肯定他们也会争夺那把产钳的。）要说一流团队，他们三个人就是典型。彼得，感谢你把我的思考、幽默和观察关联到一起，并将它们提升到更高的层次。对于你的这种能力，我只能表示羡慕。吉姆，感谢你多年来对我的信任，你向来都是独一无二的。马克，感谢你传播的信息，同时也感谢你以及你的一流团队给予我的巨大期许。

说到一流团队，在这里，我要向我最喜欢的编辑、霍顿·米夫林·哈考特出版集团的里克·沃尔夫表示深深的感谢，因为正是在他坚定的带领下，我才得以走出森林，进而更好地辨识树木。里克是一个偶像级的人物，思考缜密，思维敏捷。在我看来，他就像你在电影中看到的那种编辑：你会在第一时间想，天哪，我希望有一天也有机会认识这样的人，有机会跟这样的人合作。我们的合作对我来说是莫大的荣幸。里克，感谢你对本书的信任，感谢你对我的信任。

除了里克，我还要感谢霍顿·米夫林·哈考特出版集团的优秀团队，特别感谢稿件编辑的高级主管劳拉·布拉迪，她在负责本书的编辑和出版时创造了奇迹，还有同样不知疲倦的图书公关专员玛丽萨·佩奇；感谢编辑助理奥利维亚·巴茨孜孜不倦地修订初稿，并指导本书的出版；感谢蕾切尔·德沙诺所做的出色的文字编辑工作。此外，我还要感谢霍顿·米夫林·哈考特出版集团的整个销售团队，感谢他们在团队负责人埃德·斯佩德和科琳·墨菲的带领下为本书付出的巨大努力和工作热情。

非常感谢林斯特龙公司核心团队在内容收集、文字修订和图书发行等方面付出的努力。我要感谢罗斯·卡梅伦、卡梅伦·斯米、西格尼·乔纳森、斯科特·奥斯曼和康斯坦丁娜·戈加基，你们的帮助和支持是不可估量的。

常识是一个身着寻常衣装的天才。这不由得让我想起了盖尔·厄塞尔，那位渣打银行集团人力资源部下设的治理与控制部门的负责人。盖尔，我永远感激你创造的"常识部"这个术语，感激你有勇气在组织内推动实施这一理念，而且从未失去希望，也从未失去你无与伦比的幽默感。特别感谢渣打银行的首席执行官比尔·温特斯，感谢我们之间那些富有启发性的对话，也感谢你致力于推动银行转型，创造了一个让盖尔这样的人——以及世界各地数万名员工——重新发现常识的环境。在渣打银行，从全球领导团队到各国分支的负责人，我要感谢的人实在太多，就不一一列举了，但请你们知道，在我心里，我对你们是多么感激，我又是多么珍视在那里遇到的每一个人。

如果没有那些非常棒的客户，这本书也不可能问世，而很多客户，后来也都成了我们的密友。感谢你们和我一起探索企业生活的方方面面，感谢你们与我分享公司中脆弱的一面，也感谢你们相信我的非正统方法最终会带来一些有益的东西。当然，仅仅靠信念是不够的；但如果没有信念、没有希望，那么文化就不会存在。强有力的、合乎常识的文化是区分公司成败的关键要素。在这里，我要特别感谢一些客户，感谢他们对本书做出的特殊贡献。

在这里，我要特别感谢路易莎·洛兰，感谢她把我介绍给马士基，也感谢她对我所采取的各项行动的信任。路易莎拥有一种非凡的能力，她能以一种清晰、简单的方式看待复杂问题，并通过内力与外力推动事物向前发展，让整个组织都认可和相信文化的重要性。特别感谢凯瑟琳娜·卡科。作为马士基客户心态部门的全球负责人，她从路易莎手中接过接力棒，以最快的速度让马士基8.8万名员工行动起来。凯瑟琳娜和她的老板桑尼·达尔——马士基副总裁兼客户体验及服务部门全球负责人，正是今天该公司客户满意度提升200%的两位重要推动者。

特别感谢马士基负责企业传播的副总裁梅特·雷夫绍格。她引入了另外一种传播方式，在这种方式的框架下，"说人话"成为主流，创造性占据前沿和中心位置。沟通和交流不再仅仅局限于内部通信和公司手册，而是在此基础上增添了推特、照片墙、脸书、"市政厅"（Town Hall，微软推出的选举软件），以及全球各地配备有全球定位系统的接力棒等。

在这里，我还要感谢马士基的首席商务官兼高级副总裁文森特·克拉克、首席执行官施索仁，以及其他一些对常识重建流程深信不疑的人，包括热情拥抱常识的奥马尔·沙姆希、方雪刚、弗兰克·德德尼斯和乌尔夫·哈内曼等，他们都是最先跳出"鸡笼"，并给予我大力支持的人，他们非常棒。在马士基，我和超过 5000 人进行过面对面的交谈，请恕我不能一一在此罗列！对于我在马士基的工作，你们给予我极大的帮助，谢谢你们！

另外一家特别要感谢的客户是多切斯特精选酒店集团，感谢客人体验及创新部门负责人安娜·布兰特，她比任何人都更早地认识到小数据的重要性以及基于这些小数据的洞见在提升酒店服务方面的潜力。安娜，你一直以来都是我灵感的重要来源，也是酒店集团灵感的重要来源。首席客户体验官海伦·史密斯不仅为本书提供了宝贵的意见，也为集团内的常识重建贡献了重要力量，这是我永远铭记在心的。当然，我也不会忘记集团的生力军，也就是各位总经理，特别感谢美国地区总监爱德华·马迪。尽管我之前说过，但在这里我还想重申一遍：在我看来，你是世界上排名第一的酒店总经理。我还要感谢罗马伊甸园酒店的总经理卢卡·维尔吉利奥，他是我认识的酒店行业里真正"领会"和践行小数据概念的第一人。感谢英国科沃斯庄园公园酒店的总经理泽奥·詹金斯和巴黎莫里斯酒店的总经理弗兰卡·霍尔特曼，你们是一个非常棒的总经理团队。

感谢我在洛斯食品公司（Lowes Foods）的朋友，特别是希瑟·乔治、布莱恩·乔治和蒂姆·洛。洛斯食品公司负责客户体验的副总裁、篝火概念的发明者布兰登·格林，品牌洞见及策略总监凯利·戴维斯，以及我最喜欢的建筑师加里·沃森自然就更不用说了，谢谢你们。我在本书中不时提到你们，原因很简单，因为你们在我心中有着特殊的位置。

感谢凯茜·琦丝敦的首席执行官梅琳达·帕拉伊以及公司团队的其他人，感谢你们与我一道推动实施那些疯狂的想法。感谢霸菱资本公司（Baring Capital）的诸位朋友，感谢你们对我实施的商业转型计划的支持。

在撰写本书过程中，我同很多非常优秀的人士进行了广泛的对话。在此，我要特别感谢康文森公司（Conversant）董事长米基·康诺利，感谢他给予我的坚定支持；感谢我的朋友蒂芙尼·福斯特，以及我前沿创投（Frontier Venture Capital）的朋友、董事会总经理弗兰克·福斯特；感谢丹麦工业联合会首席执行官拉尔斯·沙阿赫勒；感谢瑞银集团董事会总经理、澳大利西亚房地产部负责人蒂姆·丘奇。感谢他们抽出宝贵时间为我提供建议和批评。我还要特别感谢瑞士邮政的前首席执行官苏珊娜·劳夫、瑞士国际航空公司负责产品管理的副总裁安内特·曼恩、拉斯穆森全球咨询公司创始人兼首席执行官安德斯·福格·拉斯穆森、天祥集团首席执行官安德鲁·拉克鲁瓦、萨林集团（Salling Group）市场营销总监卡琳·萨默、雪莉·萨克斯顿、布赖尔利公司（Brierley）的尼科尔·弗莱纳、康文森公司的吉姆·莫特罗尼、埃里克·扎尔塔斯（Eric Zaltas）、谷歌的阿德里安·威尔斯穆勒和加里·蒂克尔，感谢他们在百忙之中接受采访、审核终稿，以及分享案例、思想与评论。特别要感谢我的前员工奥利弗·布里茨，感谢他三年前参与本书的策划，而现在，他终于不用再战战兢兢了。

此外，来自马歇尔·戈德史密斯旗下的 MG100 俱乐部的优秀团队，也为本书的出版做出了重要贡献。当然，首先要感谢马歇尔·戈德史密斯，我们两个人在 2018 年初次相识，当时在他的邀请下，我加入了 MG100 俱乐部。毫不夸张地讲，马歇尔在世界范围内重新定义了什么是教练；你同意为本书写推荐序，我感到无比骄傲。在这里，我还要特别感谢作家、教练专家马克·汤普森，感谢你一直以来给予我的鼓励和启发，感谢你的慷慨和大度。感谢花旗集团的莱恩·乔尔森·科恩。感谢作家多里·克拉克对本书提出的宝贵意见和建议。MG100 俱乐部有太多太优秀的人才了，我只想说："我爱你们。"

最后，我要感谢我的读者，希望你们能够从本书中获得一些东西。正如克里斯托弗·鲍里尼曾经观察到的，"你没有必要同这个世界上的傻瓜争论，让他们为所欲为吧，然后在他们不注意的时候捉弄他们，这样比较容易得手"。

愿我们一直都能捉弄他们！

注释

前　言

1　Tim Daniels, "Report: NFL Bans Jersey Swaps, Postgame Interactions within 6 Feet amid COVID-19," July 9, 2020, https://bleacherreport.com/ articles/2899474-nfl-bans-jersey-swaps-postgame-interactions-within-6-feet-amid-covid-19/.

2　Benjamin Zhang, "These Are the 10 Airlines You Want to Fly in Europe," *Business Insider*, August 13, 2018, https:// www. businessinsider.com/ best-airlines-in-europe-for-2018-ranked-according-to-skytrax-2018-8.

第一章

1　"What Can I Bring?," Transportation Security Administration, https:// www.tsa.gov/ travel/ security-screening/ whatcanibring/ all.

第二章

1　Emma Ward, "Perceptive and Per-sonal Quotes by Harriet Beecher Stowe," Literary Ladies Guide, September 23, 2017, https:// www. literaryladiesguide.com/ author-quotes/ quotes-harriet-beecher-stowe/.

2　Rana Foroohar, "We're Working Harder Than Ever, So Why is Productivity

Plummeting?," *Time*, August 14, 2016, https:// time. com/ 4464743/ productivity-decline/.

3 Sam Wong, "The Feeling You Get When Nails Scratch a Blackboard Has a Name," *New Scientist*, February 28, 2017, https:// www. newscientist. com/ article/ 2123018-the-feeling-you-get-when-nails-scratch-a-blackboard-has-a-name/.

4 Pamela Paul, "From Students, Less Kindness for Strangers?," *New York Times*, June 25, 2010, https:// www. nytimes. com/ 2011/ 09/ 30/ opinion/ brooks-the-limits-of-empathy. html.

5 Niraj Chokshi, "Your Kids Think You're Addicted to Your Phone," *New York Times*, May 29, 2019, https:// www. nytimes. com/ 2019/ 05/ 29/ technology/ cell-phone-usage. html.

6 Shalini Misra, Lulu Cheng, Jamie Genevie, and Miao Yuan, "The iPhone Effect: The Quality of In-Person Social Interactions in the Presence of Mobile Devices," *Environment and Behavior* 48, no. 2 (July 1, 2014): 275–298, https:// journals. sagepub. com/ doi/ 10. 1177/ 0013916514539755.

7 Ibid.

8 Kevin Roose, "A Machine May Not Take Your Job, but One Could Become Your Boss," *New York Times*, June 23, 2019, https:// www. nytimes. com/ 2019/ 06/23/ technology/ artificial-intelligence-ai-workplace. html.

第四章

1 John Childress, "The Official and the 'Unofficial' Organization Chart," *John R. Childress' Disruptive Business Insights* (blog), March 26, 2017, https:// blog. johnrchildress.com/ 2017/ 03/ 26/ the-official-and-the-unofficial-organization-chart/.

2 Ibid.

3 Timestaff, "Swimming Naked When the Tide Goes Out," *Money*, April 2, 2009, http:// money. com/ money/2792510/ swimming-naked-when-the-tide-goes-out/.

4 Maya Kosoff, "41 of Google's Toughest Interview Questions," *Inc.*, January 26, 2016, https:// www. inc. com/ business-insider/ google-hardest-interview-questions. html.

5 CD Lynn, "Hearth and Campfire Influences on Arterial Blood Pressure: Defraying the Costs of the Social Brain Through Fireside Relaxation," *Evolutionary Psychology* 12, no. 5 (November 11, 2014): 983-1003 U.S. National Library of Medicine, National Institutes of Health, https:// www. ncbi. nlm. nih. gov/ pubmed/ 25387270.

6 Jon Staff, "Returning to the Campfire," *Thrive Global*, June 19, 2017, https:// medium. com/ thrive-global/ the-science-behind-why-we-love-campfires-can-teach-us-a-valuable-lesson-about-modern-life-8e8d567ae5b.

第五章

1 Tyler Wardis, "Busy Isn't Respectable Anymore," TylerwardIs.com (blog), https:// www. tylerwardis.com/ busy-isnt-respectable-anymore/.

2 Forbes Quotes, "Thoughts on the Business of Life," *Forbes*, https:// www. forbes. com/ quotes/8129/.

3 Richard Milne, "Maersk CEO Søren Skou on Surviving a Cyber Attack," *Financial Times*, August 13, 2017, https:// www. ft. com/ content/ 785711bc-7c1b-11e7-9108-edda0bcbc928.

第六章

1 Catherine Clifford, "Elon Musk's 6 Productivity Rules, including Walk Out of Meetings that Waste Your Time," CNBC, April 18, 2018, https:// www. cnbc. com/2018/04/18/elon-musks-productivity-rules-according-to-tesla-email. html.

第七章

1 Nikelle Snader, "5 of the Worst Company Policies of All Time," *USA Today*, May 10, 2015, Cheat Sheet, https:// www.usatoday.com/story/money/business/

2015/05/10/ cheat-sheet-worst-company-policies/70898858/.

2　Sapna Maheshwari, "Exclusive: The Hairstyles Abercrombie has Deemed 'Unacceptable,' "*Buzzfeed News*, September 3, 2013, https:// www.buzzfeednews.com/ article/sapna/exclusive-abercrombie-hairstyle-rules-add-to-strict-look-pol #. budZErZmD3.

3　Bob Larkin, "30 Craziest Corporate Policies Employees Must Follow," Best Life, March 21, 2018, https://bestlifeonline. com/ craziest-corporate-policies-employees-must-adhere-to/.

4　Mark Johanson, "Why Do Some Companies Ban Certain Words?," BBC, August 31, 2017, https:// www.bbc. com/ worklife/ article/ 20170830-why-do-some-companies-ban-certain-words.

5　Sam Biddle, "How to Be a Genius: This Is Apple's Employee Training Manual," *Gizmodo*, August 28, 2012, https:// gizmodo. com/ how-to-be-a-genius-this-is-apples-secret-employee-trai-5938323.

6　VOA News, "Debate Continues on 'Banned Words' at CDC," *VOA News*, December 21, 2017, https:// www. voanews. com/ usa/ debate-continues-banned-words-cdc.

7　"Norwegian Alarm System Monitors Length of Office Lavatory Visits," *The Telegraph*, January 31, 2012, https:// www. telegraph. co. uk/ news/ newstopics/ howaboutthat/9051774/ Norwegian-alarm-system-monitors-length-of-office-lavatory-visits. html.

第八章

1　Chris Opfer, "10 Completely Archaic Laws Still on the Books," October 29, 2012, HowStuffWorks.com, https:// people. howstuffworks. com/ 10-archaic-laws-htm.

2　Amy Edmondson, "Building a Psychologically Safe Workplace," TedxHGSE, TedX Talks, uploaded May 4,2014, YouTube video, 11:26, https:// www. youtube. com/ watch ?v =LhoLuui9gX8.

3　Gary P. Pisano, "The Truth About Innovative Cultures," *Harvard Business Review*, January–February 2019, https:// hbr. org/ 2019/ 01/ the-hard-truth-about-innovative-cultures.

4　Charles Duhigg, "What Google Learned From Its Quest to Build the Perfect Team," *New York Times*, February 25, 2016, https:// www. nytimes. com/ 2016/ 02/28/ magazine/ what-google-learned-from-its-quest-to-build-the-perfect-team. html.

5　Ibid.

第九章

1　Patricia Schaefer, "Why Small Businesses Fail: Top 7 Reasons for Startup Failure," Business Know-How, April 22, 2019, https:// www. businessknowhow. com/ startup/ business-failure. htm.